JN105404

絵で見てわかる 発達が気になる子のための「ひとりでできる力」が身につく実行機能トレーニング

高山恵子 著　よしのぶもとこ 絵

PHP

はじめに

私は、ちいさい頃からたくさんの失敗をしてきました。まだADHD（注意欠如・多動症）という概念もなかった頃ですが、失敗するたびに祖母が「失敗は成功のもと、つぎにうまくいく方法を考えればいいの」と声をかけてくれました。おかげで私は失敗に落ち込むことはあっても、気持ちを切り替え、前進することができました。この本のテーマである「ひとりでできる力」につながる「実行機能」について知ったのは20年以上前のことです。当時この研究の第一人者だったアメリカの心理学者、ラッセル・バークレー博士の講演を直接聞いたのです。

「実行機能」とは、「自分で何かを最後までやる力」です。博士の話は私の状態をぴったり言い当てていて、その時に初めて自分がさまざまな面で「実行機能」が低いことを思い知りました。ちいさい頃からたくさんの失敗をしてきたのは、物事を自分でやり遂げるための力が足りなかったからだったのです。

かなりショックでしたが、理由がわかれば対策が立てられます。うまくいかなかったのは、うまくいかない条件があったからなのです。気持ちを切り替えて、うまくいく方法を考えたり、人に相談したりして、条件を変えて、またトライすればいいのです。

成長期の子どもも失敗を繰り返しながら学んでいきます。その時に頭ごなしに叱るばかりでは子どもは萎縮《いしゅく》し、あるいは反発し、内心ではどんどん自信をなくしていきます。

だから叱りつけるのではなく、うまくいかなかった条件を探して「どうすればつぎはうまくいくのか」を考える回路をつくることが大切なのです。本書はその方法を、わかりやすく絵で紹介しています。

うまくいかなくてイライラしたり、悲しい思いをしたりするのは、子ども自身です。時には子どもと向き合うことがつらいと思うことがあるかもしれませんが、親もいっしょに心あたたまる絵と共に、子どもの能力を的確な支援で伸ばしていけるよう、本書でサポートできることを願っております。

【絵で見てわかる】

発達が気になる子のための「ひとりでできる力」が身につく実行機能トレーニング

もくじ

装幀　村田 隆（bluestone）
編集協力　社納葉子
組版　朝日メディアインターナショナル株式会社

PART 1

「ひとりでできる力」を育む「実行機能」

1 「ひとりでできる力」が身につく「実行機能」って何?

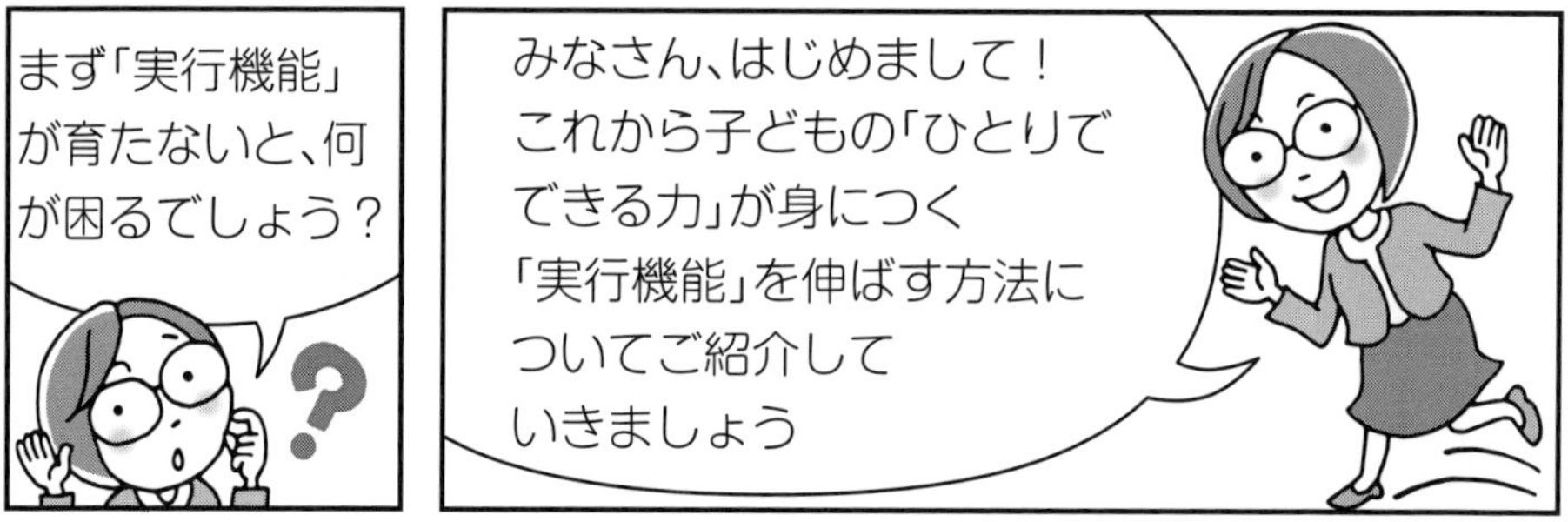

みなさん、はじめまして！これから子どもの「ひとりでできる力」が身につく「実行機能」を伸ばす方法についてご紹介していきましょう
まず「実行機能」が育たないと、何が困るでしょう？

おこづかいが足りない
(お金の管理)
今日、何着よう
(計画立案)
準備ができない
朝なかなか起きられない
(起動)
テレビを観ながらダラダラ食べる
(集中と制御)
お友達と遊ぶんじゃ？
(ワーキングメモリ)
言われたこと・やるべきことを忘れる
ゲームをやめられない
(切り替え)
いつまでやってるの！

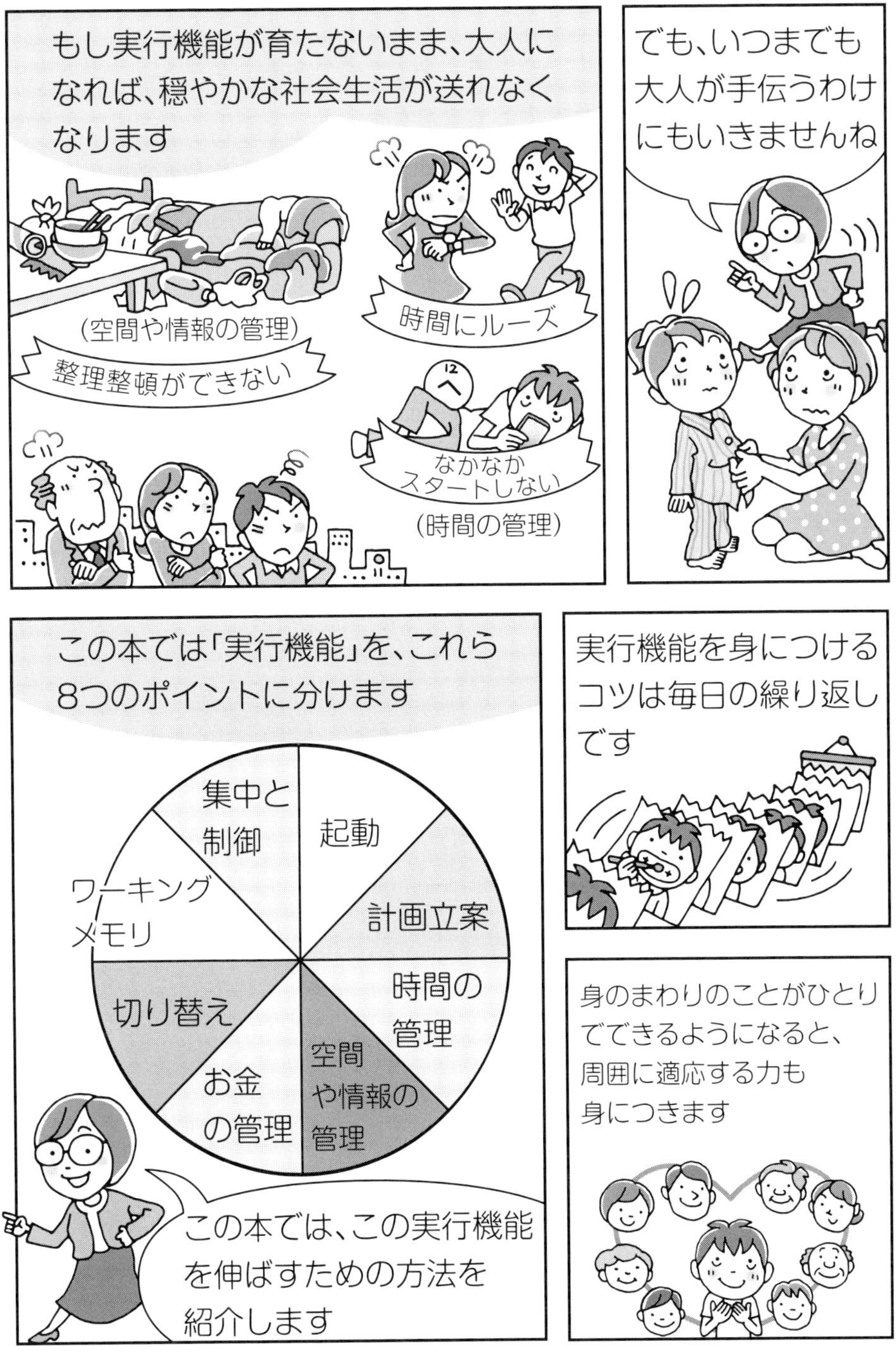
もし実行機能が育たないまま、大人になれば、穏やかな社会生活が送れなくなります
(空間や情報の管理)
整理整頓ができない
時間にルーズ
なかなかスタートしない
(時間の管理)
でも、いつまでも大人が手伝うわけにもいきませんね
この本では「実行機能」を、これら8つのポイントに分けます
集中と制御
起動
計画立案
時間の管理
空間や情報の管理
お金の管理
切り替え
ワーキングメモリ
この本では、この実行機能を伸ばすための方法を紹介します
実行機能を身につけるコツは毎日の繰り返しです
身のまわりのことがひとりでできるようになると、周囲に適応する力も身につきます

1 「ひとりでできる力」が身につく「実行機能」って何？

子どもたちはいずれ社会に出て、他人といっしょに仕事をしたり生活をすることになります。そのために必要なのが「ひとりでできる力」が身につく「実行機能」です。起きたら顔を洗う、髪を整える、食事をしたら、歯をみがく……。朝起きてから夜寝るまでの間にたくさんのことをこなすことで社会生活がスムーズになるのです。

幼い頃は親をはじめ、周囲の大人たちが手伝ってあげることができますが、いずれは自分でやらなくてはなりません。そして「実行機能」は一朝一夕《いっちょういっせき》で身につくものではありません。日々の積み重ねのなか、繰り返し行うことで身についていくのです。

子どもの発達を見る場合、現在は知能テストの結果だけではなく、適応能力を見ることが重要視されています。それは、身辺の自立と社会適応の関係性について、さまざまなことがわかってきたからです。

親はつい、知能や運動能力が高いと安心しがちです。けれども「実行機能」が育っていなければ、自分の興味関心のあることだけ、しかもやりたい時にだけ行うことになってしまいますので、社会生活を穏やかに送るためにもトレーニングが大切です。

たとえば、ある研究では幼少期の身辺自立度が高いほど向社会的行動（ほかの人のためになる自発的な行動）をする可能性が高くなり、多動、問題行動、情緒不安定、友人関係の問題がちいさくなると示されていま す。※

つまり、**身のまわりのことをきちんと自分ひとりでできることが、周囲に適応できる力につながっていくのです。**こうした能力は主に「実行機能」と呼ばれる「起動」「計画立案」「時間の管理」「空間や情報の管理」「お金の管理」「切り替え」「ワーキングメモリ」「集中と制御」の能力が基本になります。本書では「実行機能」を高めるための方法について、日常生活で取り組みやすい具体例とともに紹介します。

※田中善大ほか。「保育記録による発達尺度改訂版（NDSC-R）を用いた就学後の適応及び不適応の予測」『保育学研究』Vol.52 No.1 2014

2 運動で「実行機能」を強化する

ある実験で、50分間テニスレッスンを受けた子どもは、実行機能がアップしたそうです（アニメを観た子は変化なし）
能力アップ
変化なし
運動は実行機能を強くすることがわかってきました
実行機能
体をよく動かす運動が実行機能を高めることが、さまざまな研究で明らかになっています
エアロビクスやダンスなどの複雑な運動はよいトレーニングになります
子どもが嫌がらなければ日常的に習わせるのもよいですね

「グリーンエクササイズ」ってご存じですか？
それは自然のなかで運動をすることです
緑のなかで運動をすると、体だけでなく、心にもよい効果があり、実行機能がより向上します
お子さんによってはルールやチームワークがむずかしい場合がありますよね
ルール
まずは個人プレーで体を動かすことの楽しさを体感させましょう
ただし、無理強いは禁物です！子どものペースで

2 運動で「実行機能」を強化する

近年、運動が実行機能を高めたり、強化したりすることがさまざまな研究によってわかってきました。

たとえば6~12歳の子どもが50分間のテニスレッスンを受ける前と後とでは、ほとんどすべての実行機能の課題で成績が向上していました。一方、50分間アニメを観て過ごしたグループでは、同じ課題の成績に変化は見られませんでした(Ishihara, T., Sugasawa, S., Matsuda, Y. & Mizuno, M. The beneficial effects of game-based exercise using age-appropriate tennis lessons on the executive functions of 6-12-year-old children. Neurosci. Lett. 642, 97-101〔2017〕.)。そのほか、さまざまな研究において身体的な活動量の多い運動をすると実行機能が高まることが明らかになっており、**運動は実行機能を高める効果がある**と言えそうです。

日常的な運動習慣は長期的に見ても実行機能の発達にとって有益です。たとえばエアロビクスのような複雑な運動は、ある運動から別の運動へとひんぱんに切り替わるため、実行機能を鍛えるよいトレーニングになります。子どもをダンスやエアロビクスに触れさせてみて、嫌がらなければ習わせるのもいいでしょう。

「グリーンエクササイズ」という言葉があります。緑のある公園など自然のなかでウォーキングやジョギングをすると心が安定し、実行機能がより向上することもわかっています。

複雑な球技やチームスポーツもよいのですが、子どもによってはルールやチームワークを理解するのがむずかしい場合もあり、自信をなくしてしまうことがあります。まずは個人プレーでシンプルなスポーツである水泳やジョギングを行うことで、体を動かすことの楽しさ、爽快《そうかい》さを体感させましょう。球技なら卓球やテニスなど、より人数の少ない方が向いているかもしれません。友だちといっしょに楽しめるなら、サッカーや野球、バスケットボールもいいでしょう。

いずれにしても無理強《じ》いは禁物です。子どものペースで楽しめるものをいっしょに探しましょう。

3 不安を解消することで「実行機能」は高まる

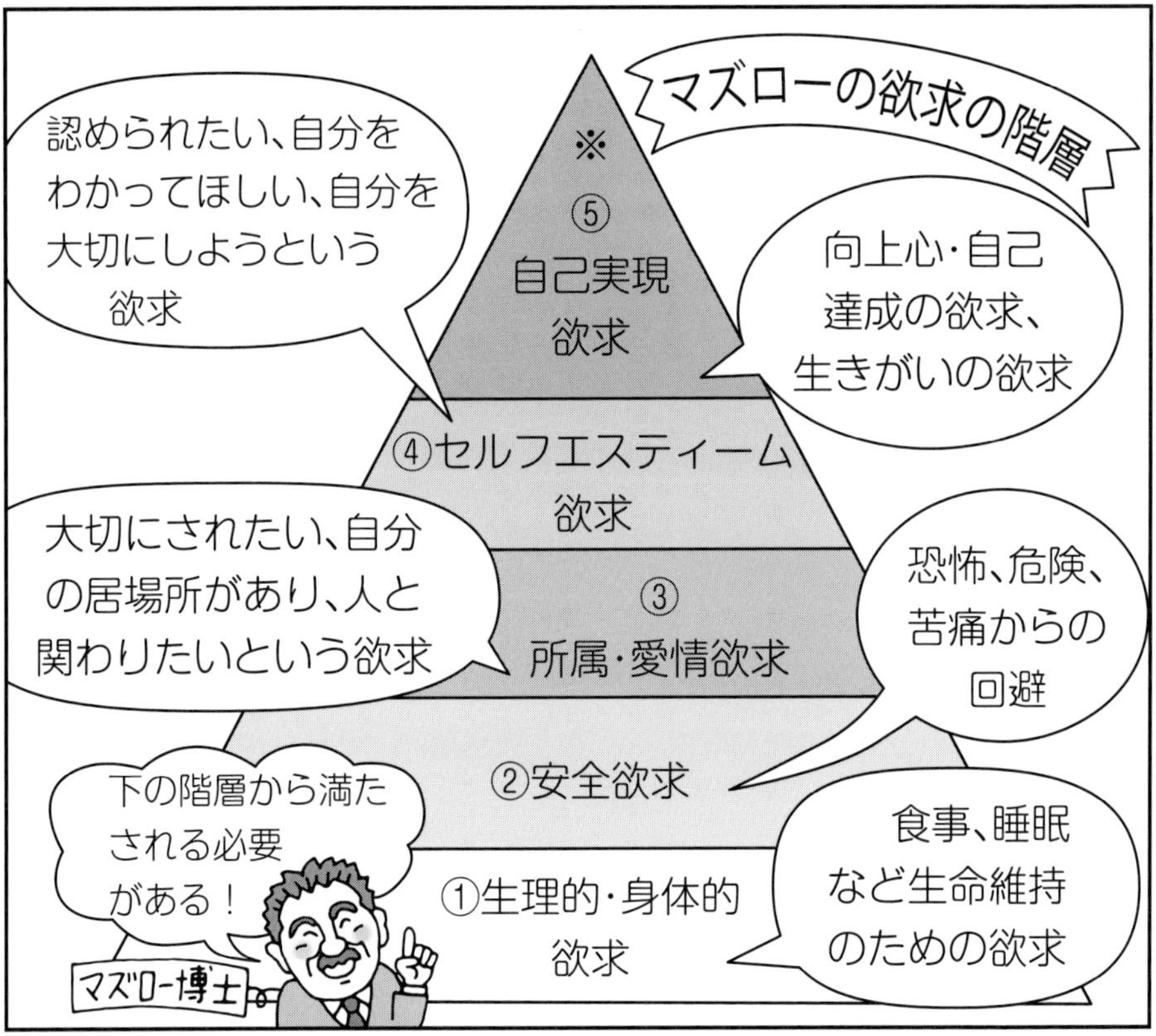
マズローの欲求の階層
※
⑤
自己実現
欲求
④セルフエスティーム
欲求
③
所属・愛情欲求
②安全欲求
①生理的・身体的
欲求
認められたい、自分をわかってほしい、自分を大切にしようという欲求
向上心・自己達成の欲求、生きがいの欲求
大切にされたい、自分の居場所があり、人と関わりたいという欲求
恐怖、危険、苦痛からの回避
食事、睡眠など生命維持のための欲求
下の階層から満たされる必要がある！
マズロー博士

音や環境のせいで不安になります
ザワ
ザワ
ザワ
ザワ
ザワ

コワイ
怖
感覚過敏のある子どもは２番目の「安全欲求」が満たされていないことも

※出典『育てにくい子に悩む保護者サポートブック』（potterP.A,＆PerryA.G,1991,"Basic Nursing"の 図を翻訳、一部補足して掲載）

不安をなくすには、まず
環境を整えます
Off
余計なものは片付ける
つぎに使う道具や作業の手順
をいっしょに声に出して確認
しましょう
せっけん
そして作業には理由があることを
具体的に説明しましょう
泡が残っていないか
鏡を見て確認してね
あっ！
そうか
抽象的だと
ちゃんとして！
ダメじゃない
できずに
叱られて
不安になる
手順を確認して
歯みがき粉を
歯ブラシに…
やり遂げられた時
えらい！
できた！
自信がもてます
もっと
できるように
なりたい！
自分で動けるよう
になるのです

3 不安を解消することで「実行機能」は高まる

発達が気になる子どもにはその特性に合った支援が必要であり、支援には効果的な順序があります。アメリカの心理学者マズローは、人間の欲求には階層があり、下の階層から満たされる必要があると言っています。逆に言えば、**満たされていないと支援が子どもに届かないことがある**のです。一番下は生理的・身体的欲求です。食事、睡眠など生命維持のための欲求で、これはすぐに納得できると思います。2番目が安全欲求です。感覚過敏のある子どもはこの欲求が満たされていないことが多いので、上位の自己実現欲求につながる「学習意欲」がなかなか出てきません。

感覚がデリケートな子どものなかには、ほかの子が平気な声や音が嫌だったり、ざわざわと落ち着かないところにいると不安になったりする子がいます。うまくできなかったことについて「何回言えばわかるの！」と叱られたり、だめ出しばかりされていると、自信をなくし「また怒られるのでは」と不安になります。これでは「ひとりでできる力」を身につけるどころではありません。落ち着いて取り組めるよう、テレビなどは消し、余計なものは目に入らないように片付けるなど、環境を整えましょう。

つぎに使う道具や作業の順序など、手順をはっきり示します。親が言葉で説明するだけではなく、子ども自身も声に出して取り組み、親の手本をその場で真似させてください。「つぎは〜」と声に出して確認しながら作業をすると思考が整理され、覚えやすくなります。

一つひとつの作業には理由があることも伝えましょう。「鏡を見て確認しないとせっけんの泡が残っていてもわからないでしょう」「床に落としたままだと誰かが踏んで靴下も床も汚れるよ」など、**子どもが想像することができるように、具体的に説明します。**「きれいにしなさい」「ちゃんとしなさい」という表現は子どもには抽象的すぎてわからず、子どもはわからないのに叱られるという状況にますます混乱してしまいます。親といっしょに一つひとつ手順を確認し、子ども自身が適切な手順でやり遂げられるようになった時、子どもは自信をもち、「もっとできるようになりたい」と考え、自ら動けるようになるのです。

4 発達障害と「実行機能」

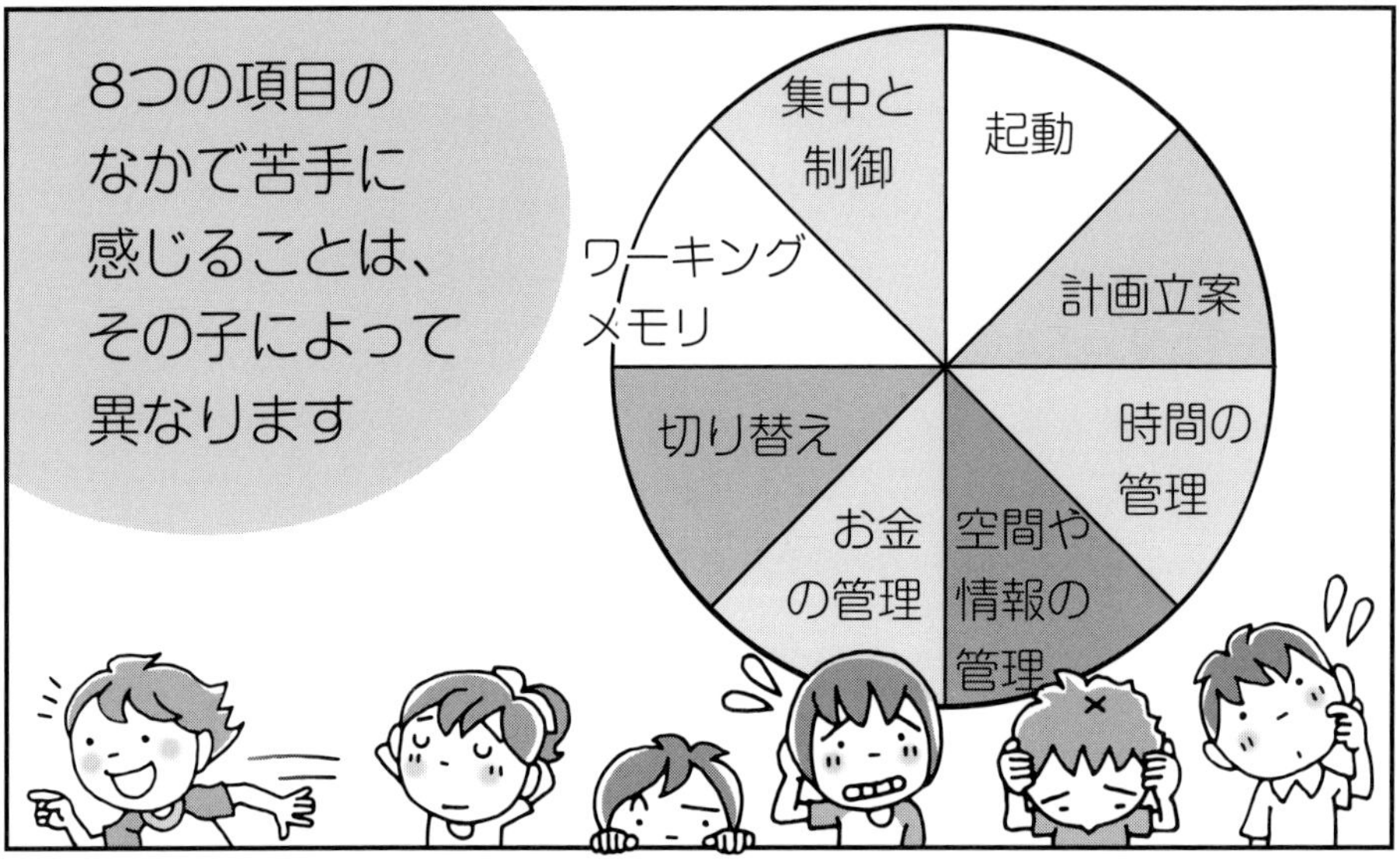
8つの項目のなかで苦手に感じることは、その子によって異なります
集中と制御
起動
計画立案
時間の管理
空間や情報の管理
お金の管理
切り替え
ワーキングメモリ

トレーニング1
自分の苦手を客観的に自覚
気持ちを切り替える
トレーニング2
これらのトレーニングが感情をコントロールする助けになります
自閉スペクトラム症のある子ども
優先順位の入れ替えがむずかしい
感情を抑えるのが苦手
予定
気持ちの切り替えが苦手

でも発達障害があっても、実行力と決断力で成功する人もいます！
注意欠如・多動症のある子ども
先を見通す行動ができない
待てない
目先のことに反応して行動してしまう
実行機能を司る前頭前野の発達は20代まで。その後加齢とともに低下傾向にあります
いずれも理解して補ってくれるサポーターがまわりにいることが大切です
ゲーム依存で実行機能が低下することも!!
注
環境づくりは大切ですね！

4 発達障害と「実行機能」

発達が気になる子どもは、実行機能を働かせるのがむずかしい場合があります。実行機能の8つの要素「起動」「計画立案」「時間の管理」「空間や情報の管理」「お金の管理」「切り替え」「ワーキングメモリ」「集中と制御」は、いずれも発達障害の子が苦手としていることですが、苦手の領域が子どものタイプにより多少異なることがあります。

自閉スペクトラム症のある子ども

柔軟に気持ちを切り替えたり、優先順位を入れ替えたりするのがむずかしい傾向にあります。また、怒りや不安といった感情のコントロールが苦手なようです。これは定型発達の子どもでもむずかしいことで、自分の感情を客観的に自覚したり、気持ちを切り替えるなどのトレーニングが効果を発揮することがあります。

注意欠如・多動症のある子ども

先の見通しをもって行動したり、待ったりすることがむずかしく、目先のことに反応して行動してしまいがちです。実行機能で言えば「計画立案」「集中と制御」の能力に弱さがありますが、決断力と実行力があるために成功している人もいます。

いずれにしても、**自分の特性をよく理解し、苦手なジャンルの実行機能を補ってくれるサポーターが周囲にいることが重要**となります。

実行機能のベースとなる脳の前頭前野という領域は通常、20代ぐらいまで発達しますが、加齢とともに低下する傾向があります。最近ではゲーム依存でも低下することが報告されています。

成長期にしっかりトレーニングしておくことや、ゲーム依存の予防を含めた環境づくりが大切なのです。

5 スマホ・ゲームと「実行機能」

子どもたちが
コントロールできるよう
にするには…
ドーパミン
スマートフォンやゲームを
やり続けていると、
ドーパミン(快楽物質)
が出て、やめられなく
なってしまいます

スマホやゲームは
親のもの　子どもは
借りているだけ
条件を親子で決め、
紙に書き、子どもに
サインをさせる
守れなかったら
親に返す

家庭でできるスマホやゲームとの付き合い方
1日の睡眠時間とゲームの時間を記録する
体を動かすことを中心に、ほかに楽しいことを見つける
ルールをつくろう！
使用は1日30分
力ずくで取り上げるのはNG
スマホやゲームなしでも楽しいと感じられる工夫をしましょう
集中できる環境が大切です
ドーパミンの出る状況を排除しましょう

5 スマホ・ゲームと「実行機能」

スマートフォン（以下スマホ）やゲームは楽しく、やり続けていると快楽物質であるドーパミンが出ます。そのため、人はドーパミンが出る行動を繰り返すようになります。子どもの自主性に任せ、スマホやゲームの管理をしていない家庭が多く見られますが、大人は子どもたちが制御できるよう支援をする責任があります。まず、スマホやゲームは親の所有物であり、子どもはそれを借りているだけだということを教え、しっかりと認識させましょう。子どもとよく話し合い、ゲームをする条件を親子で決め、紙に書きます。守れなかった時は親に返すことを約束して、子どもにサインをさせましょう。

それだけ**親が本気であること、子どもにも「約束を守る」という責任があることを明確にしておく**のは大切です。

「ゲームは飽きるまでとことんやらせたらいい」という意見もあるようですが、ネット依存者対象の入院治療プログラムがある国立病院機構久里浜医療センター院長の樋口進先生は「ゲームを飽きるまでやらせることは治療として逆効果」とおっしゃっていますので、やはり制限は必要でしょう。家庭でできる、これらとの付き合い方を紹介します。たとえば、

- **スマホの使用を1日30分などに制限する。スマホやゲームのルールづくりをし、徹底する**
- **外遊びやスポーツ系の習いごとなど、成長期に大切な体を動かすことを中心に、ほかに楽しいことを見つける**
- **1日の睡眠時間とゲームの時間を日々記録し、支障が出ていないかをこまめにチェックする。問題があればすぐに話し合う**

などです。

実行機能を身につけるトレーニングには、集中できる環境が欠かせません。依存してしまう前に環境を整え、行動をコントロールできるようにしましょう。力ずくで子どもからスマホやゲームを取り上げるのではなく、「スマホやゲームがなくても楽しく過ごせる」ということを、子ども自身が感じられるようにしましょう。

6 サポーターの存在が大切

できないからといって人格否定をすると、子どもはあきらめてしまいます
ダメなんだ
成長の度合いは人によって違います
どうしたらできるかな？
うーん
こうしたらどう？
やってみる
つぎはこうしてみようか？
はい！
うまくいく条件をいっしょに探し、やってみた後ふり返る
いつでも「味方」になれるサポーターになってくださいね
できた
サポーターにも得意、不得意があります
オレ、時間管理ダメ
じゃ、私が

6 サポーターの存在が大切

発達が気になる子どもには、その子の年齢と特性に応じた支援がとても大切です。その子に合った方法をサポーターである保護者が探し、モデルを示すのがおすすめです。小学生の間はきめ細かに見守ることで生活のなかでの「ちいさな成功体験」をできるだけ多く経験させましょう。中学生になれば、ひとりでいろいろなことができるように支援し、高校生はひとりでできることを増やし、解決できないことは親や先生に相談できるようにします。

このように、**できることが増えるにつれて支援を減らしていく「支援の引き算」がポイント**です。

支援とは、大人が代わりにやってあげることではありません。子どもが自分でやってみて、うまくいかない時はなぜなのかを考え、「これならやってみたい」と子どもが自分で選べるように「環境を整える」「その能力の発達を促《うなが》す」ことです。もともとの能力にも個人差があるので、成長の度合いは人によって違います。「何でこんなことができないの！」「だめな子」と人格否定をしてしまうと、子どもは意欲を削《そ》がれ、あきらめてしまいます。うまくいく条件がれば、できることがたくさんあります。その条件をいっしょに探し、モデルを示し、やってみた後のふり返りをするという流れ（回路）を日常生活のなかに定着させましょう。成長とともに子ども自身が自然にできるようになれば、学校をはじめ、社会生活をスムーズに送れるようになるでしょう。

サポーターである保護者にも得意・不得意があるでしょう。自分にとって得意なことが子どもにとっては苦手なことだとイライラすることが増えるかもしれません。時間に厳しいお父さんがのんびりした子どもにイライラするということがあれば、気長に付き合えるお母さんが時間管理のトレーニングを担当するなど、何人かで分担できるといいですね。**サポーターが自分の得意・不得意を自覚するだけでも子どもに対して感情的になるのを一定の程度抑えることができます。**凸凹がありながらも成長する子どもの姿を楽しみに、「いつでも味方」のサポーターになってください。

コラム

未来の幸せではなく、今日の安心と「やる気スイッチ」を

子育ては、うまくいかないことの連続かもしれません。だから同じ方法を繰り返すのではなく「つぎからは条件を変える」ことが大切です。子育てはやみくもにがんばってもうまくいかないと感じることが多いものですが、そこに早く気づけば、きっと幸せになれるでしょう。

うまくいく条件は、子どもによって違います。**きょうだいがいる家庭**の親御さんで、「同じように育てているのに、この子はできないんです」とおっしゃる方がいますが、それはもしかしたら**「同じように育てているからうまくいかない」のかもしれません。**

ではうまくいく条件を探すには、何が大事なのでしょうか。私は「その子の特性をまるごと受け止めること」だと考えています。そしてその特性に合った条件を探していくことです。

子どもの特性を受け止め、その子に合ったトレーニングをしていくと、実行機能を高めることができます。けれど「こうなってほしいから」など、その子に合っていないことをがんばらせてしまうと「やる気スイッチ」がこわれてしまいます。

何かをしてうまくいかなかった時は、子どもや自分を責めるのではなく、「方法が合っていなかった」と考えましょう。夫婦で意見が合わないこともあるでしょう。どちらが正しいかをとことん突き詰めればけんかになり、子どもの心は不安でいっぱいになってしまいます。

第一に考えてほしいのは、今日の安心と「やる気スイッチ」を入れることです。柔軟な発想とおおらかな気持ちをもてるといいですね。

そのためには、**「同年代の子どもと比べない、きょうだいとも比べない」「考えても過去や未来の変わらないことは、考えない」「子どもの特性に合わせた、わかる指示を出す」**ことを心にとどめておいてください。

また、子育てがつらくなった時は、先生や地域の相談員など、さまざまな人に率直に相談し、話を聞いてもらいましょう。

PART 2

「ひとりでできる」が叶う「実行機能」を高めるには

起動

1 質のよい睡眠で子どもは活動しやすくなる

まずは早く寝ること
おやすみなさい
お子さんの生活を
改善させるには
よい睡眠をとる
ことですよ
適度な運動
規則正しい食事
寝床のスマホ
やゲームは禁止
夜ふかししない
行って
らっしゃい
行ってきます！
おはよう！
よく朝

1 起動 質のよい睡眠で子どもは活動しやすくなる

睡眠には疲労をとる、感情をクールダウンさせるなどたくさんの役割があります。良質な睡眠には、嫌な記憶や感情を消去する働きがあり、さらに成長ホルモンの分泌を促し、短期記憶を長期記憶に移行させ学習を定着させることもわかっています。睡眠不足で疲れていたり、感情を抑制できなかったりすると、課題に落ち着いて取り組むことがむずかしくなります。また、注意力が散漫《さんまん》になり、情報処理能力や記憶力についても、睡眠不足ではうまく働かなくなる恐れがありますから、ぐっすり眠ることはとても大切なのです。

子どもにつぎのような様子が見られることはありませんか？

●朝起きるのが苦手●ダルそうで学校への行き渋《しぶ》りがあらわれる●日中の機嫌が悪く、午後からもち直すことが多い●休日の睡眠時間が平日より長く、起床時間が90分以上遅くなる●授業中の居眠り、帰宅後にも眠って

しまう●被害者意識があり友人間のトラブルが多くなった●ぼーっとして無気力になる●成績が低下した●学校などでケガをしやすくなった

このような傾向が見られたら、睡眠の時間と質を確保するために、つぎの方法を行ってみましょう。

1. 朝7時より前に起きられるように、入眠時間を「2.」の時間に調整する
2. 平日でも小学生は9時間以上、中学生以上で7時間半〜9時間の睡眠時間を確保する
3. 朝・昼・晩の食事時間は一定にする
4. 昼間は運動をしたり体を動かしたりするなど、楽しく活動する
5. ベッドに入ってからの考えごと、スマートフォンやゲームなどはやめる
6. まわりの夜ふかしに流されずによい睡眠の土台をつくる気持ちでいる

起動

2 嫌なこともできるように

こんな時に
大切なのは
「やる気スイッチ」
ですよ♡
早く寝る
目覚めすっきり
早く起きる
ゆっくり朝食
がんばったね
片付ける
うれしい！
宿題をする
うれしい！
「やりたくないこと」をやったら「よいこと」
があるし「嫌なこと」がなくなるよ
うん！

2 起動 嫌なこともできるように

朝起きて顔を洗うことから始まり、着替えたり歯みがきをしたり、子どもにとって日常生活は面倒なことの方が多いでしょう。朝起きるところから、宿題、片付けなど、叱ったりなだめたりする親も大変なら、叱られてばかりの子どももつらいものです。そこで紹介したいのが**「やる気スイッチ」**です。「嫌なことだけど、それをやると自分が得をする！」という関係性を子どもが実感できるようにするのです。

たとえば、早起きすればゆっくり朝食を食べることができますし、「早く早く」と急《せ》かされることなく、落ち着いて準備ができます。夜、早く寝ると睡眠が十分とれ、朝はすっきりと目が覚めます。お腹も空いて、朝ごはんがおいしく食べられるでしょう。宿題をすれば家族や先生に褒《ほ》められ、自分でも「よかった」と満足することができます。身のまわりを片付けた時もまた、家族から「きれいになったね」と褒められ、自分もすっきりとして気持ちいいでしょう。探しものをすることも減るはずです。

このように、「嫌だ嫌だと思っていたけれど、それをやるとまわりから褒められ、自分も気持ちがよく、後が楽になる」つまり「得をする」という経験をすると、その快感をまた味わいたくなり、自分から動くようになります。これが「やる気スイッチ」なのです。

子どもといっしょに、「やりたくないことをやったら、どんなよいことがあるか、嫌なことがなくなるか」について話し合ってみましょう。親が「こうしなかったら、こんなに大変なことになるよ！」と危機感を植えつけるのではなく、子ども自身が楽しく考えられるようにしてください。

コツは、**「やったらよいことがある」と「やったら嫌なことがなくなる」の2つを考えること。**どちらかひとつだけの時よりも、「やってみよう」という気持ちが強くなります。

計画立案

3 お弁当をつくる

ハンバーグ
からあげ
とんかつ
コロッケ
オムレツ
カレーライス
何つくる？
は大変だから…
お弁当づくりは計画を立てる能力を身につけるトレーニングになります
いっしょにお弁当をつくろう
やったー
ではこれをつくりましょう
お料理プラン
目標 おにぎり弁当
ツナマヨおにぎり 2つ
卵焼き．ソーセージ
キャベツとにんじんの炊めもの
慣れるまでは手間のかからないものを
お野菜も入れなきゃ。何がいい？
家にある材料を調べて買い物リストをつくります
卵とツナマヨネーズ、海苔がある！
つくるものが決まったら「やることリスト」をつくり、材料を書き出します
ごはん．ツナ缶
マヨネーズ．海苔
卵．ソーセージ．
キャベツ．にんじん

つぎにスムーズに料理をする工夫をしましょう
この順番で使うからね
材料が揃ったら、作業の順番を組み立てます
1. ごはんを炊く
2. 野菜を切る
3. ソーセージをゆでる
4. 卵焼きを焼く
5. おにぎりをにぎ
野菜を炒める
OK
ひとつできるたびに作業の確認をしながら進めます
卵焼きのできあがり
タイマーを使えば時間の管理ができる！
作業は子どもにも任せましょう。
やってみる？
楽しくお弁当を食べながらつぎの計画を
つぎは何をつくろう？
えーとね
何度もトライして手順や時間をつかみましょう
できた！

3 計画立案 お弁当をつくる

【実現可能な計画を立てる】ことを計画立案と言います。将来大人になった時にふだんの家事から旅行や試験勉強まで、この能力がしっかり身についていると、とても助かります。子どもの頃から楽しみながら計画立案をするためのトレーニングとして、私はお弁当づくりをおすすめしています。まず、どんなお弁当をつくりたいかを考えます。子どもの希望やアイディアを聞きましょう。自分の好きなものをたくさん挙げると思いますが、野菜も入れて栄養のバランスを考えることなどを教えながら、いっしょにプランを考えましょう。

つくる時間も考え、**慣れるまでは手間のかからないもの**を選びましょう。お弁当の内容が決まったら、必要な材料を書き出します。家にある材料を確認し、買い物リストをつくりましょう。

料理に応じて作業の順番を組み立てます。先に茹《ゆ》でたり炒めたりして作業をすませておくものや、包丁のもち方や使い方などを教えながら、実際にやって見せてください。

作業は子どもにも任せてください。切ったり焼いたりといった料理の作業だけでなく、スムーズに料理するための工夫（あらかじめ必要な道具を出して使う順番に並べておくなど）を保護者がやって見せながら説明すると理解しやすくなります。

作業時間の管理はタイマーを使うといいでしょう。やるべき作業を順番に書き出しておき、ひとつできたらチェックを入れるなどして、ひとつひとつの作業を確認しながら進めていきます。

回数を重ねるうちに、少しずつお弁当の内容や手順、必要な時間をつかむことができるようになります。楽しくお弁当を食べながら、「つぎはどんなお弁当にしようか」とつぎの計画を立てるのもいいですね。

計画立案

4 「したいことリスト」をつくる

したいことリストをつくろう！
おやつも！
マンガをよむ　ゲームする
テレビをみる
ヒロシくんと あそぶ
この子は…
まず起きてから寝るまでに何がしたいですか？
えーーと
ゲーム　マンガ　テレビ
食事　歯みがき　お風呂　宿題・睡眠
うーん
これを実現するには…
否定しないで食事や睡眠が必要だと伝えましょう
でもごはんも食べなきゃいけないし…
そっか！
リストは子どもの成長に合わせて書き換えていきましょう
「したいこと」をするためには「したくないこと」をする必要があることを伝えましょう
したいことリスト
ゲーム　おやつ　食事
ひろしくん　歯みがき
テレ　宿題
マンガは？
宿題ができたらゲームね

4 計画立案 「したいことリスト」をつくる

日常生活には「したいこと」と「しなければいけないこと」がありま す。子どもはどうしても「今、したいこと」にばかり意識が向きがちで、親は「しなければいけないこと」をさせようとします。したいことばかりしていては生活が成り立たなくなってしまいますが、宿題や片付けなど、しなければいけないことばかり優先すると、子どもはつまらなく感じてしまうでしょう。

また、大人の都合や考えばかり押しつけていると、子どもの「実行機能」はなかなか育たないものです。そこで、子ども自身が納得して行動するために**【したいことリスト】**をつくり、そのために必要な行動を考えてみましょう。まずは寝るまでに子どもがどういう生活をしたいのかを聞き取り、優先順位をつけていきます。

子どもは「ゲームをすること」や「マンガを読むこと」「テレビを観ること」などを優先するでしょう。それを頭ごなしに否定せず、いったん受け止めたうえで、食事で栄養をとり、歯みがきや入浴で体を清潔にし、早めに寝て十分な睡眠をとるといったことも、とても大切なことだと伝えましょう。

【したいことリスト】を作成するうえで、**したいことをするためにはしたくないこともする必要があることを、しっかり伝えるのがポイントです**（P40【嫌なこともできるように】参照）。

そのうえで**限られた時間の配分と順番**を考えます。

子どもがしたいことは否定せず、だからといって毎日全部入れるのではなく、テレビは録画して休日に観るようにしたり、ゲームをしたりマンガを読んだりする時間はたとえば30分と決め、子どもの希望を尊重しながら、気持ちの切り替えも必要なことを伝えます。

「したいこと」「しなければいけないこと」は成長とともに変わっていきますが、折々に親子で確認し、リストに新しく書き込んだり、書き換えていきましょう。

時間の管理

5 1日の時間を上手に使おう

前の日
「したいことリスト」を見ながら「明日すること」を確認します
明日すること
時間をうまく使うコツは…
学校行事の後などは何もしなくていい時間をつくって脳をリラックス！
時間をざっくり入れたタイムスケジュールをつくりましょう
7時　起床
7時30分　朝ごはん
8時　家を出る
8時15分　学校
怒らずに声をかけて促しましょう
はーい
子どもが時間管理できるようになるまで
昨日確認した時間よ！
風呂に入るぞー
あ
MANGA

5

時間の管理

1日の時間を上手に使おう

時間の管理は重要な実行機能のひとつです。時間を計算しながら行動するのは大人でもなかなかむずかしいものですが、遅刻をしたり課題の締め切りに間に合わないことが続くと、人から信用されなくなってしまいます。

大人でも約束していたことをズルズルと先延ばしにしたり、「まあ、今度にしようか」とあいまいになってしまうこともありがちですが、それを見ている子どもの考え方にも影響する恐れがあります。親もできるだけ時間を守る姿勢を見せ、子どもとの約束を守るようにしましょう。

また、**「約束した時間だよ」と子どもに対して、時間を意識した言葉がけをしましょう。**子どもが約束を守ることができた時には「ちゃんと時間を守れたね」と褒めることも重要です。

時間をうまく使うためには、まずその日にすることをはっきりさせることが大切です。**前日の夜に、「したいことリスト」**（P48【「したいことリスト」をつくる】参照）**を見ながら、「明日すること」を親子で確認し、紙に書き出しましょう**。そして時間も入れたタイムスケジュールを作成します。

数分単位で細かく時間を区切る必要はありません。ざっくりと何時から何時までと目安を記入します。ただし、特に遠足など学校の行事の後などは十分に心と体を休められる時間をつくってあげてください。何もしなくていい時間をつくると、脳がリラックスし、実行機能が高まります。

ただ、「リラックスし、休養する」ことと「しなければいけないことがあるのにだらだらする」のとは違います。子どもが自分で時間の管理ができるようになるまでは、「昨日確認した時間を過ぎてるよ」「今の時間はこれをするんじゃない？」と子どもが時間を意識できるよう、怒らずに声がけをすることで促すとよいでしょう。

時間の管理

6 やりたい通りにできないのはなぜ？

「やりたいこと」があって「しておくべきこと」もわかっているのにできない時…
あら、どうしたの？
宿題をやりたいのにできないの
ポキ
自主性
そんな時は叱らずに具体的に「どうしたらいいか」をいっしょに考えましょう
どうしたらできるかな？
悩みの原因を大きく２つに分け「どちらに当てはまるか」を考えましょう
子ども自身では解決できない
子ども自身が努力をすれば解決できる
宿題

原因1
疲れて
やる気が
出ないよー
少し昼寝をしてから宿題
にとりかかる
スッキリ！
原因2
つい家族と
テレビを観て
しまう
家族も宿題が終わるまで
テレビを消す
原因3
友だちといっしょに
塾に行きたい…
塾
どんな塾に行きたいか？
など具体的な話をしましょう
否定しないで子どもが
納得できる話し合いを

6 時間の管理 やりたい通りにできないのはなぜ？

やりたいことがあり、そのためにしておくべきこともわかっているのに「できない」ことがあります。親から見ると、子どもがただ、だらだらして怠《なま》けているように見えるでしょう。叱ってむりやり動かすこともできますが、それでは「やらされている感」が強くなり、子どもの自主性を育てることにはなりません。「わかっている、でもできない」というギャップを解消する方法を親子で話し合い、具体的な対策を考えましょう。

対策を考える時は、**悩みの原因**を大きく2つに分け、どちらに当てはまるのかを考えることが大切です。

ひとつは、**子ども自身ががんばったり、やり方を変えれば解決できること**。もうひとつは、**子ども自身では解決できないこと**です。

たとえば【宿題ができなくて困っている】という悩みがある場合、つぎの理由が原因ならば子ども自身の行動を工夫することで解決できます。

・**疲れていてやる気が出ない。だからとりかかる時間が遅くなってしまう**

↓

【解決策】10分でも寝ると頭がすっきりするので、疲れているならば少し昼寝をしてから宿題にとりかかるようにする

では、つぎの例はどうでしょう。

・夕食後、つい家族といっしょにテレビを観てしまうから

・友だちがみんな塾で勉強していると聞き、家で勉強する気になれないから

これは家族の協力や理解が必要です。テレビの音が聞こえてしまうなら、宿題が終わるまで家族もテレビを消して協力してあげてください。友だちと塾へ行きたい気持ちがあるなら、「どんな塾に行きたいのか」「時間や内容に無理はないか」など子どもの気持ちを聞きながら具体的な話をしましょう。「どうせ続かないでしょ」「あなたには無理」と話を聞かずに否定するのではなく、子どもが納得できる話し合いが大切です。

時間の管理

7 どれくらいの時間がかかる?

時間を正確に見積もる力をつけるには、時間のかかりそうなことや、トラブルの対応にかかる時間も想定しておきましょう
髪をアレンジする子どもはその時間もプラス
朝、布団から出られない子どもは早めに起きる
準備しておけばうまくいく！
余裕
前の日にできる準備はしておく
あと5分だ！
時間が不規則になりがちな休憩やゲーム、勉強などはタイマーを使って「時間の見える化」を図りましょう

7

時間の管理

どれくらいの時間がかかる？

時間通りに行動するには、**「かかる時間を正確に見積もる力」**が必要です。たとえばごはんを食べるにしても、食べることに集中しているのと、テレビを観ながら食べるのとでは、かかる時間が違ってきます。

タイムスケジュールに「ごはんを食べる」と書いても、ほかのことに気をとられていては、どんどん予定が後ろにずれてしまいます。朝の身支度も、前日に着替えを用意しておかなければ、余分に時間がかかります。

何にどれくらいの時間がかかるかを正確に見積もるためには、スムーズにいく場合だけでなく、起こるかもしれないトラブルもあらかじめ含めて考えることが欠かせません。

朝、なかなか布団から出られない子どもは、布団から出るまでの時間も含めて見積もる必要があります。髪を編んだりする子なら、その時間もプラスしましょう。もちろん学校の準備を前日にすませているかどうかも大きいですね。できる準備は前日のうちにすませておくことです。これも

【嫌なこともできるように】（P40参照）と同じく、「準備しておけば、自分が得をする」経験を重ねていくことで身についていきます。また、どうしてもこだわりがあり、時間がかかってしまうことは「5分で切り上げる」と決めてしまいましょう。テレビを消すなど、**スケジュールに集中できる環境を自分で整えるトレーニング**も役立ちます。

学校を出る時刻や習いごとの時間、ごはんやお風呂の時間などは決まっているので、かかる時間も見積もりやすいと思います。

一方、休憩やゲーム、宿題をする時間などは自分で決めることができるぶん、不規則になりがちです。そういう時はタイマーを使って、時間が目に見えて減っていくという、「時間の見える化」を図《はか》るとよいでしょう。

時間の管理

8 時間を守るための工夫

学校
み
あっ
いってきます
いってらっしゃい
子どもによっては途中で気になるものを見つけると、目的を一時的に忘れてしまうことがあります
学校だ
あれ？　ケンちゃん、学校に行く時間じゃないの？
あっ
学校に着くまでの時間を確認して道草をすると間に合わなくなると伝えましょう
15分
そんな時は親子で「どうしたら時間を守れるか」をいっしょに考えましょう

気がそれてスムーズに作業ができない子どもの場合
よいトレーニング法がありますよ
あの子ったらもう！
タイマーを使って練習
手が止まってるよ
叱らず見守ってあげてくださいね
やることリストをつくる
起床（7:00）
顔を洗う（3分）
着替え（10分）
朝食（20分）
歯みがき（5分）
目標時間を決めておきましょう
目標の時間は目安の時間をはっきりと
8時10分には教室に入る！
アクシデントに備えて、時間には少し余裕をもたせることも大切です
WC

8 時間の管理

時間を守るための工夫

子どもによっては学校や習いごとに行くスケジュールを立てたり時間配分をしたりするのがむずかしい場合があります。途中で気になるものを見つけて注意がそれ、たとえば「学校に行く」という目的を一時的に忘れてしまっていることもあります。そんな時は親子で「時間を守るにはどうしたらよいか」をいっしょに考えましょう。

まず、**家を出てから学校に着くまでの時間を確認**します。そのために家を出発しなければいけない時間のことや、道草をしていると間に合わなくなることを伝えると、子どもも納得するでしょう。

「気がそれてほかのことをやっていることに気づき、修正する」「時間を考えながら一つの作業をする」というのは、実行機能の弱い人にはとてもむずかしい課題です。登下校の時などひとりでもできるように、家庭内でサポートしながらトレーニングすると、毎日の積み重ねで少しずつできるようになるでしょう。具体的には、「着替えは5分でやる」などと目標時間を決めてタイマーをかけ、気がそれる様子があれば親が声がけします。また、適宜《てきぎ》タイマーを見て、時間も意識するよう促す、といったやり方です。起床してから学校に行くまでの間にやることをリストアップし、それぞれの目標時間を決めて練習するといいでしょう。

ひとりでできるようになるまで、とても長い時間がかかるお子さんもいます。その特性を受け入れて、叱らないようにしましょう。

目標の時間は「8時過ぎには」といったあいまいな表現ではなく、「8時10分には教室に入る」と目安の時間をはっきり決めます。

そのうえで、校門から教室に行くまでにかかる時間や、教室に着いてからすること（ランドセルをロッカーに入れる、教科書を出して準備するなど）も確認しておきましょう。

途中で何かアクシデントがあった時に慌てなくてもいいよう、時間には少し余裕をもたせるようにしておくことも大切です。

時間の管理

9 親子でお出かけのための計画を立てる

親子でお出かけプラン
まず、どこへ行くのかを決めましょう
目的地に着くまでにすべきこととかかる時間を考えます
11時には着きたいね
じゃあ9時47分の電車に乗ろう
出発は9時25分ね
それには8時には起きなくちゃ!!
ガンバル
紙に「時刻」「やること」「かかる時間」「余裕をもつ」の欄をつくり、書き込みます
トイレや混雑も考えなきゃね
前日に服装やもち物、天気予報の確認をしておきましょう
楽しみながら逆算のプランニングを身につけましょう

時間の管理

9 親子でお出かけのための計画を立てる

時間を上手に使うために、「逆算のプランニング」という方法があります。ゴールからさかのぼってタイムスケジュールを組み立て、準備をするのです。

ここでは、「親子でお出かけ」という楽しいテーマで「逆算」のトレーニングをしてみましょう。まず、どこへ行くのかを決めます。日帰りで行ける場所をいくつかピックアップし、子どもに選んでもらいましょう。

つぎに目的地へ着くまでにすべきことと、かかる時間を考えます。たとえば11時に現地へ着くことを目標に決めたら、さかのぼって前日の寝る時間から起床、身支度、朝食、出発、駅到着、電車で移動、目的地まで歩く……というようにそれぞれの行動をリストアップし、紙に「開始時刻」「かかる時間（見積もり時間）」「余裕をもつ」の欄をつくり、書き込んでいきます。「余裕をもつ」とは、切符売り場の混雑や電車の遅れなどのアクシデントを想定した時間です。5分、10分などと書き入れ、その時間を含めたスケジュールを組み立てます。子どもによってはトイレの時間も必要かもしれません。さらに前日に着ていく服や靴を決め、準備しておきましょう。ハンカチや水筒などのもち物を準備し、天気予報も確認しておきます。目的地や移動手段をいろいろ変えて、楽しみながら逆算のプランニングを身につけていきましょう。

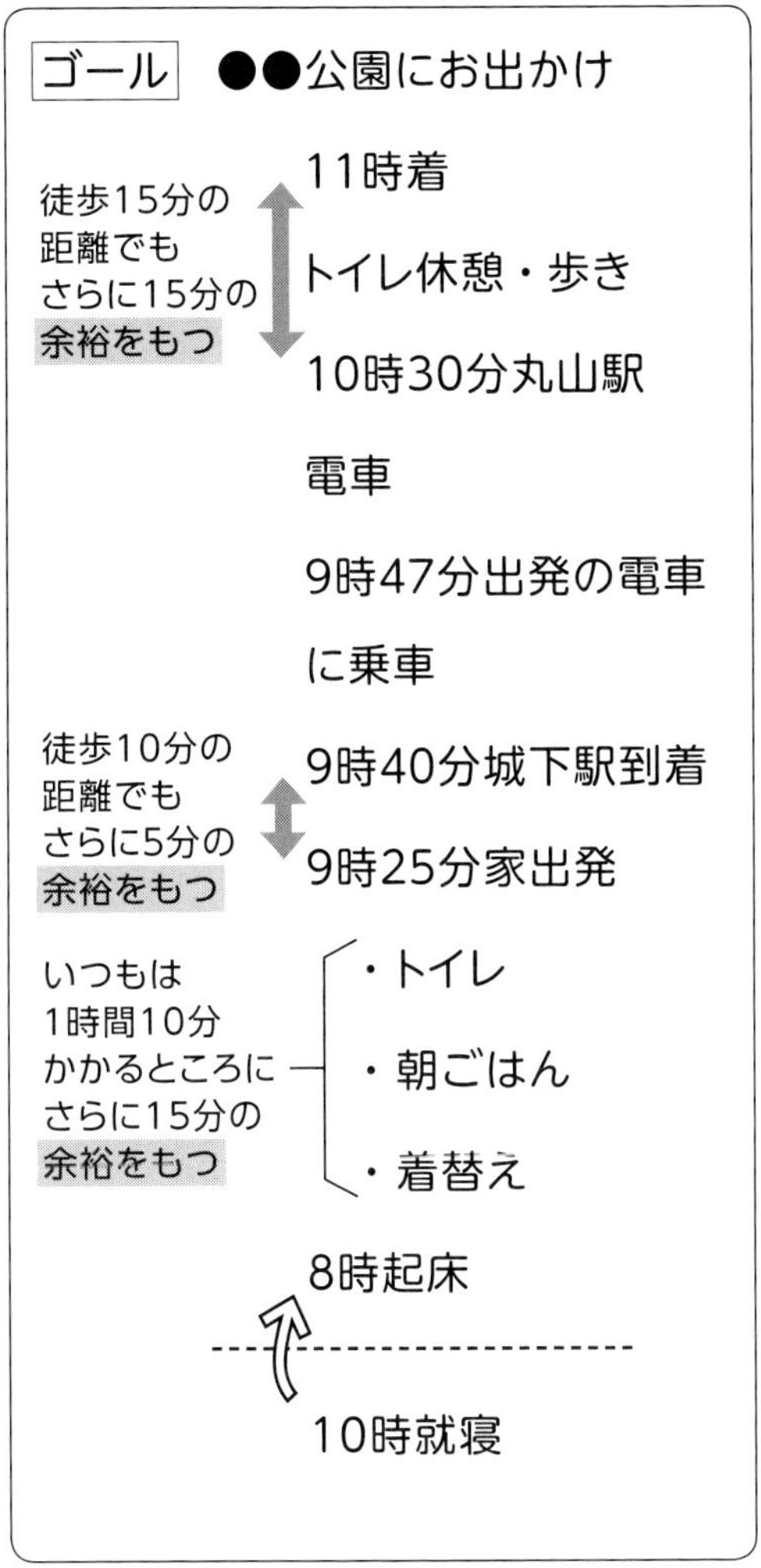
ゴール ●●公園にお出かけ
11時着
トイレ休憩・歩き
10時30分丸山駅
徒歩15分の距離でもさらに15分の余裕をもつ
電車
9時47分出発の電車に乗車
9時40分城下駅到着
9時25分家出発
徒歩10分の距離でもさらに5分の余裕をもつ
・トイレ
・朝ごはん
・着替え
いつもは1時間10分かかるところにさらに15分の余裕をもつ
8時起床
10時就寝

空間や情報の管理

10 捨てるものととっておくものの相談

片付ける前にまず箱を3つ用意しましょう
「捨てる箱」は赤にしようっと
捨てる
「迷い中箱」をつくるとはかどりますよ
迷い中
とっておく
つぎに捨てるものととっておくものの基準を決めます
この子捨てるのかわいそう…
それじゃバザーに出しましょ
うん
コレはもう遊ばないからこっちね
捨てる
子どもの気持ちもていねいに聞いて作業を進めましょう
ものが増えないように欲しいものをすぐに買わないようにね
工作などは画像で保存するのもよいでしょう

空間や情報の管理

10 捨てるものととっておくものの相談

「空間の管理」とは、必要なものがすぐ取り出せるように身のまわりを整えておくことです。

子どものおもちゃや学校でつくった工作や絵などは増える一方ですが、片付ける前にまずは取捨選択をしましょう。ただし、捨てるかとっておくかの二択だけでは、片付けが苦手な子どもは決めるのに時間がかかってしまいます。そこで**3つめの選択肢として「迷い中」もつくり、箱を3つ用意します**。3色に色分けし、シールなどで目印をつけるとよいでしょう。

まず、どんなものを捨てて、どれをとっておくのか、基準を決めましょう。たとえば「今の年齢に合わないおもちゃ」「飽きてしまい、もう使わないおもちゃ」は赤で「捨てる」箱、「思い出があり、とっておきたい」「まだ遊ぶ、使う」ものは青で「とっておく」箱、「今は迷って決められない」ものは白で「迷い中」の箱とします。もちろん、色は子どもに決めてもらうのもよいでしょう。自分で決めることで、より意識が高まります。

また「捨てる」ことに抵抗があるなら、バザーやリサイクルショップに出すことで手放す、という方法もあります。「欲しい誰かに使ってもらう」ということであれば、子どもも納得しやすいでしょう。

子どもだけでは判断がむずかしいことも多いので、**いっしょに「これはよく遊んだけど、もう大きくなったから遊ばないね」など子どもが判断できるような言葉がけをし、子どもの気持ちもていねいに聞きながら作業を進めていきます。**

とはいえ、「とっておく」ものばかりが増えても大変でしょう。「置き場所はあるか」「最近もよく遊んでいたか」などを考え、できるだけ「捨てる」判断ができるようにします。工作などは画像で保存する、「思い出」箱をつくり、そこに入るだけのものを保管する、と決めてしまうのもよいでしょう。また、ものが増えないように欲しいものをすぐ買うのではなく、少し考える時間をもつことも大切です。

空間や情報の管理

11 探しものをしないために決められた位置に置く

えーと…
わかんない
お母さん　ハサミどこ？
POTATO
知らないわよ。今朝使ってから
どこに置いたか思い出して
ものをなくさないためには２つの方法がありますよ
ひとつはものの置き
場所を決めて使ったら
かならず元の場所に戻すこと
使ったら
戻す
もうひとつは
使いたいもののところ
に行って使うこと

いちいち探しものをする方が面倒で大変よ
そんなの面倒だよー
でもね
お父さんも守ってね！
それじゃハサミや定規はここね
計算機はこっちだね
必要だけど普段は使わないものは場所がわかっていれば大丈夫です
だけどそんなにきちんと決めてしまったら、かえって大変じゃないか？

11

空間や情報の管理

探しものをしないために決められた位置に置く

ものをよくなくす子どもは、使ったものをそのままにしてつぎの行動に移ってしまいます。そしてつぎに同じものを使いたい時に、どこにあるのかわからなくなってしまうのです。ものをなくさないためには、ものの置き場所を決め、使ったらかならずその場所に置くことを習慣づける必要があります。

ものをなくさないためには、行動を変えるのも有効です。たとえばハサミは置いてある場所からもち出すのではなく、切りたいものをハサミの置き場所へもって行って切る。こうすればハサミがなくなることはありません。もちろん子どもだけでなく家族も同じようにしてください。

どうしてももち出す必要があるものは、「ケースに戻す」など、しまう場所を書いたシールを貼ります。

興味がつぎつぎと移る子どもにとっては元の場所に戻すのを面倒に感じてしまうでしょうが、**「元に戻しておくと、つぎに使いたくなった時にス**

ムーズに使える」「いちいち探しものをする方が面倒で大変」ということを実感できれば苦にならなくなります。

その経験がない時に片付けの大切さを説明してもピンとこないでしょう。よくものをなくして困っている実例をあげて客観的に伝えながら、身につくまでは根気強く見守ってあげてください。

何もかもきっちり決めようとすると親子ともにストレスがたまり、続けることができなくなってしまいます。思い出の品やゲーム機の保証書、学校でたまに使う書道セットなど、必要ではあるが普段は使わないものは、どこにあるかがわかっていれば大丈夫です。

空間や情報の管理

12 ざっくり分類する

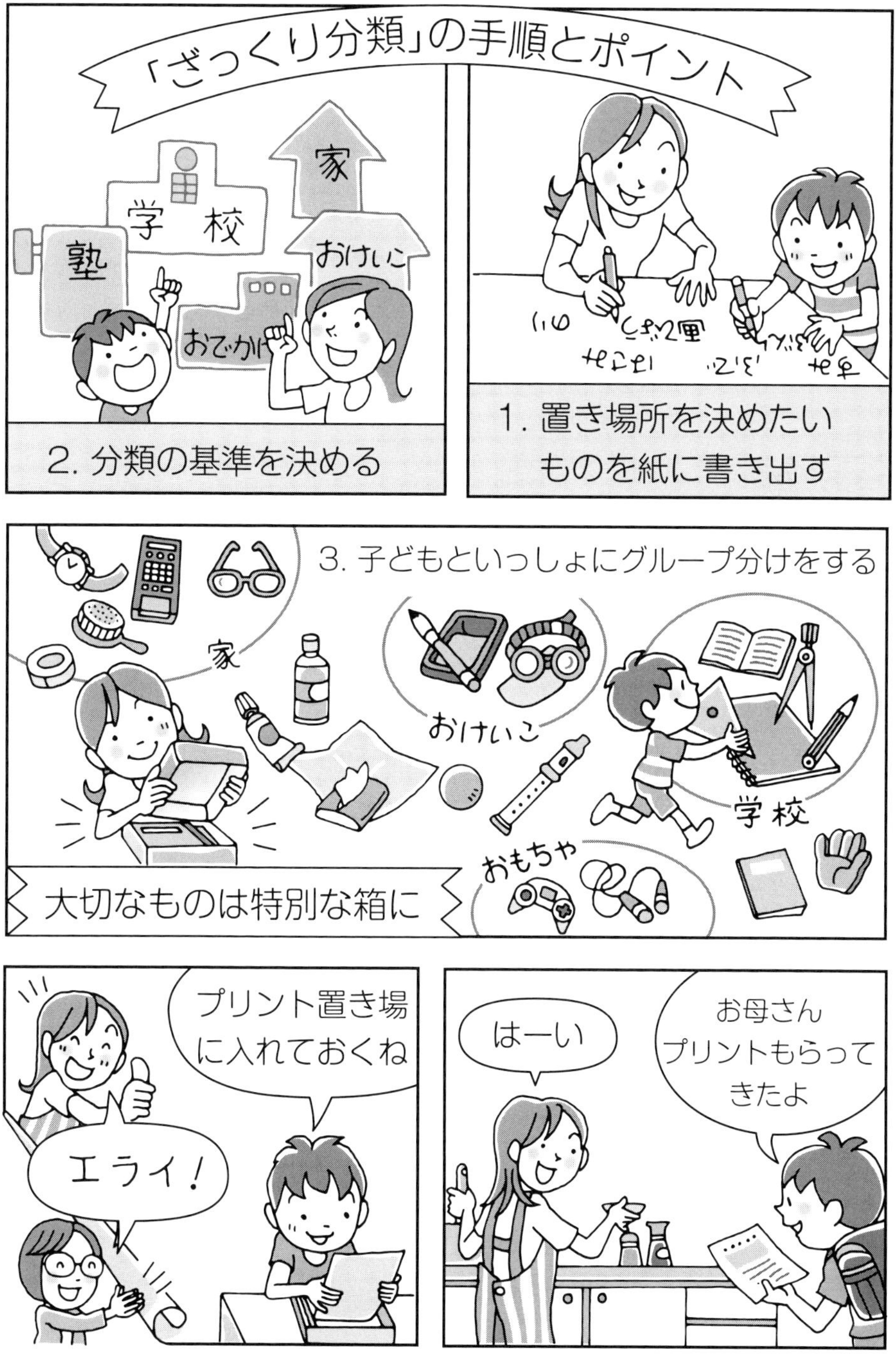
「ざっくり分類」の手順とポイント
1. 置き場所を決めたいものを紙に書き出す
家
学校
塾
おけいこ
おでかけ
2. 分類の基準を決める
3. 子どもといっしょにグループ分けをする
家
おけいこ
学校
おもちゃ
大切なものは特別な箱に
お母さん プリントもらってきたよ
はーい
プリント置き場に入れておくね
エライ！

12 ざっくり分類する

空間や情報の管理

私たちの身のまわりにはこまごましたものであふれていますから、日々管理しなければ、すぐに散らかってしまいます。ものの置き場所を決めるにはコツがあります。ざっくりと分類して、似たもの同士を同じ場所に置くことです。その手順とポイントを紹介します。

分類する手順

1．置き場所を決めたいものを集める

学校からのプリント、文房具、おもちゃ、学校で使う教材などです。紙に書き出してもいいでしょう。

2．分類する基準を決める

「学校で使うもの」「家で使うもの」「習いごとで使うもの」と場面で分けるなど、工夫します。

3．子どもといっしょに分類する基準に沿ってものをグループ分けする

ポイント

使いやすく取り出しやすいように分類しましょう。

- **文房具など、同じ種類のものはいっしょに置く**
- **特に重要なものは、特別な箱や色つきのクリアファイルなどに入れる（例：学校からのプリント、連絡帳や集金の袋、通知表やテスト用紙）**
- **あまり細かく分けてしまうと、どんな分類をしたかわからなくなるので、ざっくりでOK**
- **特によく使うものは手元に見えるように置く**

学校からは毎日のように宿題や親へのお知らせ、教材などたくさんのプリントが配られます。３段のクリアケースを用意して、「宿題」「親に渡す」「テストの時まで保管」のように分類して入れるようにしておくと、家族が一目で確認することができます。こうした行動習慣を身につけることで、ものを管理する力がつきます。子どもが親から何も言われなくても分類ができていたら、褒めてあげてください。

空間や情報の管理

13 実際に使う場合をイメージする

使う場面を
考える
お風呂場の前に
脱衣
カゴ
玄関に
ハンカチ・鍵
ティッシュ・認印
洗面台に
せっけん・タオル
どこに置けば
便利なのかを
子どもと話し合い
ながら決め
ましょう

今日は「できました
シール」を貼れないね
明日は
がんばるぞ

決めた場所に戻せたか
ゲーム感覚でチェック
あっ
セロハンテープはどこに置くの？

13 空間や情報の管理 実際に使う場合をイメージする

ものを置く場所を決める時は、実際に使う場面をイメージします。

置き場所を決めるポイント

・使う頻度を考える

よく使うものは【よく開けるところ】【よく触れるところ】【よく目立つところ】にしまい、あまり使わないものは【あまり開けないところ】【あまり触れないところ】【あまり目立たないところ】にしまうのが基本。

何を置いたかを忘れてしまうこともあります。特に扉や蓋《ふた》があってなかが見えないところには、【入れたものの写真やイラストを貼っておく】とすぐにわかります。

・使う場所を考える

自分が移動するルートにものが置いてあるのが便利です。たとえば洗面所にはせっけんやタオル、お風呂場の前に洗濯ものを入れるカゴを置くなど。どこに置けば便利なのかを子どもと話し合いながら決めましょう。

・いっしょに使うものはまとめられないかを考える

たとえば登校する時、ハンカチやティッシュ、家の鍵などをもって出なければいけませんが、バラバラに置いてあると何かは忘れてしまうでしょう。そこで玄関に専用の箱を置き、ひとまとめに置いておくのです。帰宅したら使わなかったティッシュや鍵は箱に戻し、きれいなハンカチを新しく入れて準備をしておきましょう。

元に戻すのはあくまで「使った人」です。つい親が気づいた時にやってしまいがちですが、大事なのは「そこにある」ことではなく、「決めた場所に子ども自身が戻す」ことです。子どもが決めた場所に戻していなければ、「鍵はどこに置くんだった?」と思い出せるような声がけをします。

始めて3週間は決めた場所に戻せたかどうかをいっしょにチェックしましょう。できたら子どもが選んだシールを貼ったりスタンプを押すことができるようにすると、ゲーム感覚でやる気が続きます。

空間や情報の管理

14 きれいな部屋にするには

そういうお母さんだって
あっ！また部屋を散らかして！
部屋をきれいに保つコツをまとめたのでやってみましょう
いっしょに片付けよう！
まだ終わってないでしょ！
もうやめた！

整頓のコツ
使ったら元の位置に戻す
はい
種類ごとに分類ね
いらないけど捨てられないものは迷い箱へ
・・・・・・
迷い中
捨てる
親子でいっしょに片付ける
コレ どこにしまえばいい？
「とりあえずカゴ」に入れて
ルールをつくる
見つけやすさ優先ね！
大人も片付けるように心がけましょう
はい
制限時間をもうけてゲーム感覚で片付ける
それっ！
スタート！

14 きれいな部屋にするには

空間や情報の管理

片付いた状態を維持するのは、大人でもなかなかむずかしいことです。発達が気になる子は片付けが苦手なことが多いのですが、叱ったり、親が片付けてしまったりするのではなく、親子で確認しながらいっしょに片付けるようにしましょう。繰り返しルールを確認することが大切です。

整理整頓のコツ

・いらなくなったものは捨て、決められないものは迷い箱に入れる
・迷い箱に入れたものはときどき見直し、「もう使わないね」と子どもと確認してから捨てる
・よく使うものは種類ごとに分類する
・置き場所を決めたものは、使ったらその場所に戻す
・引き出しなどのものをしまったところに何が入っているかがわかるようにする
・部屋の隅に「とりあえずカゴ」を1個だけ置き、面倒な時はそこに入れ

る。時間のある時に中身を確認し、本来戻すべき場所に戻す

・大事なのは【必要な時にものが見つかる】こと。見た目のきれいさにこだわる必要はない

・雑然としているとものの場所が把握しにくくなるので、定期的に定位置に戻す

散らかった部屋を一気に片付けようとすると、長時間集中するのが苦手な子どもは集中力がもちません。タイマーをセットし、5分なら5分と子どもが決めた時間でどこまでできるかをゲーム感覚でチャレンジするなど、楽しみながらできる工夫をします。また、子どものスペースだけ片付けるのではなく、大人もできるだけ家のなかにものを増やさないようにし、「片付いている状態」が「普通」になるように意識しましょう。

お金の管理

15 おこづかい帳をつけよう

日付 費目
日付欄と費目欄をつくって
ノートに書くことに慣れたら「おこづかい帳」をつくろう！
いろんなものにお金がかかるんだね
そのお財布にお金やレシートを入れてね
生活にはお金がかかることを知って管理に慣れることが大切ですね
お母さんも負けずに家計簿をつけるぞ
どれどれ、どんなことに使ったかな

15 お金の管理

おこづかい帳をつけよう

お金について学ぶことはとても大切です。段階を踏みながら少しずつ学んでいきましょう。

最初に【自分が使ったお金を意識する】ことから始めます。子どもにおこづかいを渡し、何に使ったかを報告させることで、生活するにはお金がかかることを自覚させます。まだ決まったおこづかいを渡していない場合は、必要なものを買うお金をその都度渡して、何を買ったか、まずはメモさせるようにします。もしくは子ども用の財布に、買い物をしたらレシートや使った先がわかるメモを残しておくことを教えます。

おこづかい帳をつける前準備として、ノートや消しゴムなどの文房具、マンガや本、おやつなど必要なものと金額をノートに書き出してみましょう。まだ毎日お金を使うことはないでしょうから、1週間に1回でも大丈夫です。

続けているうちに【生活するにはお金がかかる】ことが実感できます。

ものやサービスの値段に関心をもつようにもなるでしょう。

ノートに書き出すことに慣れてきたら、おこづかい帳を用意します。普通のノートに日付欄と費目欄をつくり、オリジナルのおこづかい帳を子どもといっしょにつくってみましょう。

毎週、決まった時間におこづかい帳（もしくはレシート）を親子で確認します。学年が上がるにつれて、お金の使い方も広がってくるので、**低学年から中学年にかけて、まずは生活にお金がかかることを知り、何にお金を使っているのか、把握できているようにしましょう。**

また、親がお金を大切に使い、管理している様子を見せておくことも大切です。

お金の管理

16 お手伝いでポイント（おこづかい）を貯める

はい！今日の新聞！
おー！ありがとう
お手伝いポイントをためてお金を稼ぐのよ
これならやれそう
お手伝いポイント
玄関そうじ 100P
オル交換 20P
聞を取ってくる 20P
膳のお手伝い 30P
の水やり 40P
パパもおこづかいが足りなくなったらお手伝いしなよ
いっぱいがんばったね！ありがとう!!
そうじ
交換
取ってくる
手伝い

16

お金の管理

お手伝いでポイント（おこづかい）を貯める

生活にはお金がかかることを自覚し、自分のお金の使い道を把握できるようになってきたら、つぎの段階へ進みます。

第2段階は【お金は使うとなくなる】ことを実感することです。今までは欲しいものは親に買ってもらっていました。けれど、ものを買うにはお金が必要だと知りました。今度は【お金は使うとなくなるので、上手に使うには計画が必要】なことを学びます。

そのためには、**ただ「お金は大事だよ」と教えるよりも、子どもが実体験から学んだ方が効果的です。**好きなものばかり買っていたら、必要な時に使えるお金がなかった、といった失敗体験は、お金について学ぶとてもよい機会です。子どもを責めるのではなく、「残念だったね、でもお金には限りがあるから、買えるものにも限りがあるよ。今回みたいにお金のことで困らないためには、ちゃんと計画的に使うことが大切だよ」などと教えましょう。

また、その時子どもが「もっとお金が欲しい」とか「買いたいものを買えるようにしたい」などと言う場合、お手伝いでポイントが貯まる仕組みを提案するとよいでしょう。

食事や本など健康や勉強に欠かせないものは親からもらうおこづかいで買い、マンガやおやつなど自分の楽しみに必要なお金は家のお手伝いで「稼ぐ」という方法です。

子どもにお金をそのまま渡すのではなく、ポイント制にして、そのポイントとお金を交換するのです。ゲーム的な楽しみも味わえます。

毎日玄関をはく、洗面所のタオルを換える、食事前に食卓を整えるなど、年齢に応じたお手伝いを決め、きちんとできたら表にシールを貼るなどして目に見えるようにします。ある程度ポイントがたまったらいくらに換算するかを決め、月に一度、精算しましょう。

お金を稼ぐには働かないといけない、ということを身をもって体感することができます。

お金の管理

17 お金を計画的に活用することを教える

見て！　このプラモデル
えー。何が欲しいの？
今日は月に一度のポイント交換の日よ。がんばってくれたからけっこうあるわね
うん！　欲しいものがあるんだ
だってもっとお手伝いしてポイントを貯めたいんだもん !!
貯めることだけに集中してはいけませんね
2800円かー！　いっぱいお手伝いしないとね
あれ？　塾に行く時間よ
今日はいい

よーし
がんばるぞ！
まず勉強や習いごと、遊びとの時間のバランスを考えて計画します
ここ？
この日は
帰ってから
大切なのは計画通りにいかなくてもがっかりしないこと
遊ぼ
見に
こない？
おいしいもの
食べに行こう
やる気が
しない…
がっかりするな！
パパだって欲しい
時計のために貯金
してるんだぞ
パパは
まだまだだねー
うん
はい！　今月分
今日はちょっとさぼっちゃった

17

お金の管理

お金を計画的に活用することを教える

ムダ使いを減らし、計画的にお金を貯めるといいことがあることを教えましょう。

たとえば、家のお手伝いをしてポイントがある程度貯まったら、お金に換算していくら貯まったかを確認します。そのお金を何に使いたいか、子どもと話し合いましょう。親の意見ではなく、子どもの希望を聞いて、それにいくらのお金（予算）が必要かを調べます。足りなければもっとお手伝いをがんばる必要があります。しかしお手伝いばかりするわけにもいきませんから、お金は時間をかけてコツコツ貯めるものであること、親もそうして働いて、いろいろなものを計画的に買っていることを教えます。

子どもが具体的に欲しいものがある場合、その値段と現在のポイント（お金）との差額を計算し、1カ月にどれくらいポイントを貯めるかを相談します。そのことだけに集中しないよう、宿題や遊び、おけいこごととの時間のバランスを考えながら計画しましょう。

ここで大切なのは【計画通りにはいかない】ことを前提とすること。最初からうまくいくことはありません。「たくさんお手伝いをしてポイントを貯めよう！」と計画する時には意気込んでいても、友だちと遊ぶのを優先したり、さぼってしまったりして、つぎに集計した時にがっかりする、ということも十分ありえます。

こうしてトライ&エラーを重ねながら経験値を上げていくことが本当の「目的」です。「子どもにお金、お金と言いたくない」という価値観もあるでしょう。しかしお金との付き合いは一生続きます。将来の金銭トラブルから守るためにも、お金について気軽に話せる雰囲気が大切です。親の失敗談なども話してあげてください。子どもが【自分のお金への興味】を見つけ、お金を有効に使う方法を学んでいけるように支援しましょう。

18

切り替え

予定は時に変更になることを教える

つぎの日曜日は
バーベキュー。
科学館
計画を
貼っておくね
何かを計画する時は、予定通りにいかなかったらどうするかを話し合っておきます
もし雨だったら
ここはどう？
うん
日常的な「予定変更」のトレーニングは、災害が起きた時の準備にもなります
もし離れてしまったら
この避難所に行くんだよ
うん
非常もちだし袋の
点検もしておか
なくちゃね
これ食べて
みたい！
日頃から話し合い、
準備しておきましょう

18 切り替え 予定は時に変更になることを教える

発達が気になる子どものなかには、予定の変更を臨機応変に受け止めることが苦手な子もいます。楽しみにしていた予定ならなおさらです。けれど、予定変更は日常的によくあることです。うまく受け止められるよう、対応のしかたを少しずつトレーニングしていきましょう。

何かを計画する時には、常に「もし予定通りに行かなかったらどうする?」という言葉をかけ、その時にどう対応するかを話し合います。たとえば、休日に家族で野外バーベキューに行く計画を立てたとしたら、雨が降った時にどうするかを考えましょう。こうして**常に2パターンの計画を準備しておくことを習慣づけると、子どもにも気持ちの準備ができます。**紙に2つの計画を書き出し、目立つところに貼っておくといいでしょう。

計画を立てる段階から子どもに【いつでも予定通りにいくわけではない】ことを話し、その時々の状況を受け入れる、という経験を重ねていくことが大切です。予定通りにいかないことを想定内にして、ほかの選択肢を準備しておくことで、気持ちも楽になります。

予定変更の最たるものは「災害」です。日本は地震や水害などの災害がいつ起こってもおかしくありません。災害が起きた時は、臨機応変に行動しなければなりません。まさに、この本のテーマである「生きる力」、つまり「ひとりでできる力」（＝実行機能）をフルに使う時です。

日常的に「予定変更」のトレーニングを重ねながら、親子で災害用の備品を準備したり、地震が起きた時にどのような行動をとるかを話し合ったりしておくことも大切です。いざ災害が起きた時には大きなショックを受けるでしょうが、日頃から話し合い、準備をしておくことが多少なりともショックを和《やわ》らげてくれるでしょう。

切り替え

19 予定が変更になっても慌てないために

ヒロくんは？
ごめんねー、塾に行ったのよ
いっしょに遊びたかったのに！
そっか、予定通りいかなくてカッカしてるのね
そんな時は深呼吸して
スーハー
どんな感じ？
ちょっとすっきりした
これは「カームダウン」と言います。ふだんから練習しておきましょう

「予定変更記録ノート」をつくりましょう
変更1
家でひとりでできるゲームで遊んだ
友だちの家に遊びに行ったら留守だった
遊んでいるうちに楽しくなった
腹が立った
変更2
悪いことばかりじゃないね
楽しかった
帰り道に別の友だちと会って遊んだ
どうすればよかったと思う？
友だちに確認しておけばよかった

19 切り替え 予定が変更になっても慌てないために

「予定は変更になることがある」とわかっているつもりでも、実際に予定通りにいかない場面になるとドキドキしたり、カーッとなったりします。

そんな時はまず、深呼吸をすることを教えましょう。できればお水を飲み、大きく深呼吸をしましょう。そうすると、かなり気持ちを落ち着けることができます。「嫌なことが全部、体のなかから出ていくイメージ」で深呼吸すると、よりすっきりします。これを【カームダウン】（落ち着く、しずめるという意味）と言います。カームダウンの練習もふだんからしておきましょう（詳しくはP140からを参照）。

家のなかで起こった予定変更は、とてもよいトレーニングの機会です。予定変更記録シートをつくり、子どもがどんな気持ちになり、どのように変更したかを記録してみましょう。言葉と文字にすることで、子どもは自分の気持ちを自覚し、どう行動すべきかを学びます。

■例 仲のいい友だちの家に遊びに行ったら留守だった

予定変更したこと

家に帰ってひとりでゲームをした（友だちといっしょに2人でボードゲームをしたかったけれど、ひとりでできるゲームをした）

その時の気持ち

（がっかりして悲しかった・いっしょに遊べなくてイライラした）

予定変更してどう感じたか、どのようにすればよかったと思うか

（最初はつまらなかったけれど遊んでいるうちに楽しくなった・事前に友だちに遊べるかを確認すればよかった）

また、予定変更をして結果的に「よかった」という場合もあります。たとえば家に帰る途中で、別の友だちにばったり会い、遊ぶこともあるでしょう。予定変更はよくないことばかりではないということも、いっしょに見つけてあげてください。

切り替え

20 いろいろな意見を出し合う体験を

家族で意見を出し合い調整するトレーニングをしよう
今から夕食のメニューについて話し合います
何でも思ったことを話しましょう
あっさり煮物
ヤダ！
オムレツがいい!!
人の意見は黙って最後まで聞きましょう
それぞれの意見を検討しましょう
今日は胃の具合がちょっとねー
大丈夫。いいんだよ
ごめんなさい
では今日のメニューは筑前煮と卵焼きにします！
異議なし！
みんなで決めたことは参加し、実行しよう。
いただきまーす！
「気持ちの切り替え」がこのトレーニングの大事なポイントです

20

切り替え

いろいろな意見を出し合う体験を

夏休みに家族でどこに行くか、夕食のメニューを何にするか、今日は何をして遊ぶか……。みんなで話し合って決めるという場面は、家庭でも学校でもたくさんあります。そんな時、自分の意見が通らないことに怒ったり、自分だけ参加しなかったりしていると、人付き合いがだんだんつらくなってきます。家族でいろいろな意見を出し合い、調整するトレーニングをしましょう。

1．いろいろな意見を出し合う

自分の気持ちや意見を出し合います。ポイントは「よい、悪いは決めないで話し合う」こと。「思っていることを伝える」のが話し合いの基本ですから、まずはそこに集中します。

なかなか自分の意見が言えない子どもは、「それは違うよ」と否定されることを不安に思うので、**「どんな意見を言ってもよい」という雰囲気づくりをしましょう。誰かが話している時は、ほかの人は黙って最後まで聞**

くこと。言葉で伝えるのが苦手な子は、紙などに書き出してもいいでしょう。子どもが「言いたいことが言えた」と思えるよう、ていねいに進めます。

2．お互いの意見を検討する

それぞれの意見のよい点と悪い点を出し合います。よくわからないことは質問し合うことも大切です。悪い点を指摘されたからといって、その人自身を否定しているわけではないことも伝えます。あくまで「意見が違う」だけであり、「きらい」「悪い」「間違っている」わけではないことを繰り返し伝えましょう。

3．一度決めたら実行する

みんなの意見が一致しない時は、それぞれの意見のよいところをくっつけて、別の選択肢を考えるという方法もあります。

自分の意見がすべて通らなくても、みんなで決めたら自分も一員として実行する、というルールを守ります。このトレーニングでは**【気持ちの切り替え】**が大事なポイントです。

切り替え

21 代用してもいいことを教える

カレー粉が足りない
カレースープにしちゃった
おいしい
ほかにも代用できる場面を考えてみましょう
おやつを分けるお皿がない
ティッシュペーパーや、きれいな紙を使う!!
災害時の代用も練習しておきましょう
毛布がない時は？
新聞紙暖かいよ
イスがない時は？
段ボール
代わりのものを探す経験は、急な変更にも臨機応変に対応できるようになりますよ
なんだか代わりのものを考える方が楽しくなってきた！
じゃあもっといろんな場面を考えてみよう

21 切り替え 代用してもいいことを教える

忘れものをしないにこしたことはないのですが、予定したものがなくても臨機応変に対応できるよう、トレーニングをしておきましょう。

まずは【慌てない】こと。お水があれば飲み、深呼吸をします。気分が落ち着いたところで、どうしたらよいかを考えましょう。必要なものがない時、慌てずに【別の方法でなんとかする】というのはとても大事な力です。方法としては3つあります。

1. ほかの人に借りる

まず誰かに借りられないかを考えてみます。近くにいる友だちや先生に相談したり、「もし余分にあれば貸してください」と頼んだりできるのも大事なこと。家でも親が先まわりして与えるのではなく、困っていることを伝えて相談できるよう、練習してみましょう。

2. 別のもので間に合わせる

・みんなでおやつを分けたいけれど、お皿がない　↓　ティッシュペーパーやきれいな紙を使う

・カレー粉が足りなかった　↓　あるだけ使ってカレースープにする

・手を洗ったがハンカチを忘れた　↓　ポケットティッシュを使う

頭のなかで考えるだけでは、いざという時に忘れてしまいます。家や出先で実際にやってみましょう。いろいろな場面でできるようになったら、災害時の代用についても練習してみます。

・イスがない　↓　ダンボール箱を使う

・毛布がない　↓　新聞紙を重ねて使う

子どもにも考えさせて、いっしょにいろいろやってみましょう。

3. 予定を変更する

「なかったらできない」と決めつけず、あるもので何ができるか考えます。「予定よりも楽しくできることもある」という経験をしておくと、イライラやパニックを減らせます。

ワーキングメモリ

22 ワーキングメモリ（作業記憶）で苦手なことは？

みなさんも当てはまるかチェックしてみてください
ここでワーキングメモリ（作業記憶）のチェックをしましょう

言葉の作業記憶が苦手な子どもは…

作文は苦手

みんなで話し合うと混乱する

帰りに、えーと学校で道があの、ダンボールに…
どうしたの？

順序よく説明しづらい

文章の内容を理解しづらい

視覚と空間の作業記憶が苦手な子どもは…
ポストに寄るのを忘れたのね…
2つ以上の作業が苦手
アレ?
動きを見て覚えるのが苦手
敬語
黒板の字をノートに書くのが苦手
説明書
説明書を読みながらの作業が苦手
あるある
ものの場所を忘れがち

22

ワーキングメモリ

ワーキングメモリ（作業記憶）で苦手なことは？

ワーキングメモリとは日本語で「作業記憶」と呼ばれる、【やるべき作業の内容などを一時的に頭のなかにとどめておく記憶】のことです。

親や先生に言われた通りに行動するためには、言われた内容を正確に、作業を終えるまで覚えておく必要があります。

作業記憶が弱いと、作業する内容を覚えていられません。そのため作業にとりかかることができなかったり、完成させることができません。

ほかの子どもが作業しているのに、いつまでもぐずぐずとしていたり、みんなが終わっているのになかなか終わらないという子は、作業記憶が弱いのかもしれません。

作業記憶が弱いのであれば、工夫次第でカバーすることができます。

作業記憶には「言葉」と「視覚と空間」の2種類がありますが、どちらかが苦手な子、両方とも苦手な子がいます。どんなことが苦手なのかチェックし、対策を考えましょう。

〈言葉の作業記憶〉チェック

- □ 多くの人と話し合いをすると混乱する
- □ 作文を書くのが苦手
- □ 文章の内容を理解することがむずかしい
- □ わかりやすく順序よく話すことがむずかしい

〈視覚と空間の作業記憶〉チェック

- □ 体操やダンスなどの動きを見て覚えるのがむずかしい
- □ 2つ以上の作業を並行してやるのがむずかしい
- □ 説明書を読みながら作業するのがむずかしい
- □ 黒板の文字をノートに書くことがむずかしい
- □ どこに置いたか忘れることが多い

ワーキングメモリ

23 忘れないためのメモ

「うっかり忘れ」防止法
おばあちゃんにでんわする
よく見える
ところに貼る
メモに書いて
靴に入れる
ポスト
水性
手に書く
教えてもらう
時間よ
アラームを
セットして
おく
あっ！
時間だ

書くことを習慣
づけることで、忘れ
にくく、思い出しやす
くなります
その日に
することを
ノートに
全部やったよ！
0月0日
できたら
ペンで消す

23 ワーキングメモリ 忘れないためのメモ

ひとつのことをしているうちに、出かけなければいけない時間を忘れてしまったり、頼まれたことを忘れてしまったりして、結果的にいろいろなことができずに、ただ時間ばかりが過ぎてしまうことはありませんか？

こうしたことが続くと、周囲の人からは「あてにならない」「いつも約束をやぶる人」だと思われてしまいます。

P123のチェックで〈作業記憶〉の苦手に多くチェックがつく人があてはまるのではないでしょうか。

忘れないためにはつぎのような工夫をすることで「うっかり忘れてしまうこと」を防ぐことができます。

たとえば……、

・メモに書いてその日はく靴に入れておく

・メモに書いてよく見えるところに貼っておく
・水性ペンで手に書いておく
・その時間に思い出せるようにアラームをセットしておく
・家族や友だちに教えてもらうように頼んでおく
・専用のノートをつくり、その日にすることを書いておく。できたものはペンで消していく

このように、「書くこと」を習慣づけると忘れにくくなり、たとえ忘れてしまっても、また思い出すことができます。その子の生活パターンに合った方法を探すためにも、ひとつずつ試してみましょう。

ワーキングメモリ

24 カレンダーの活用

お父さんもいっしょに確認するぞ！
カレンダーに予定や時間を書き込みます
日 月 火 水 木 金 土
大型ゴミ
ピアノ
塾
20
10:00
リズム体操
13:00
町内会
時間の流れに沿って書く
18日
家庭訪問
家庭訪問
歯医者
BIRTHDAY
大切な予定は紙に書いてドアに貼っておく
毎週ある予定はわかりやすく
絵文字で遊んじゃえ！
これならわかりやすいね
わたしも自分だけのカレンダーをつくりたい！
終わったら消すね
23
塾
24
ピアノ
終わったー！

24 ワーキングメモリ
カレンダーの活用

学校の授業や行事、習いごと、家族の計画……。子どもが成長するとともに日々、さまざまな予定が入ってきます。予定が増えれば増えるほど、忘れてしまいやすくなります。予定を忘れず、一つひとつこなしていくのも大事な実行機能ですから、工夫して乗り切りたいものです。

子どもといっしょに予定表をつくり、予定の管理をトレーニングしましょう。毎日続けていくことで、子ども自身が自分ひとりで管理できるようになります。

まず、書き込む欄があるカレンダーを用意します。つぎに、予定欄に予定と時間を書き込んでいきます。自分がわかる略語やマークを使ってもかまいませんが、慣れるまでは約束をした人の名前だけでなく「何を約束したか」なども書き込んでおくと「何の用事だったかな」と慌てることもありません。

工夫のポイント

・特に忘れてはいけないことはカレンダーとは別の紙にも書き、ドアに貼ったり、翌日はく靴のなかに入れておく
・カレンダーを家族共用にして、ほかの家族が「これはできてる?」と確認したり、教えたりできるようにする
・スマホを使うようになれば、カレンダーのアプリを使う。時間を設定しておくとリマインド（確認）のメールが送られてきて便利
・毎週ある予定や習慣は、丸で囲むなどわかりやすくする
・時間の流れに沿って、午前を先に、午後の予定を後に書く
・もち物やテストの範囲は具体的に書く
・パッと見てわかるように絵文字なども活用する
・すませた予定はシールや横線で消すなどして、何をしていないか、何ができたかが一目でわかるようにする

そのほか、子どもがやりやすく、好きな方法でできるよう、相談しながら「マイカレンダー」をつくっていきましょう。

集中と制御

25 5分間集中するには

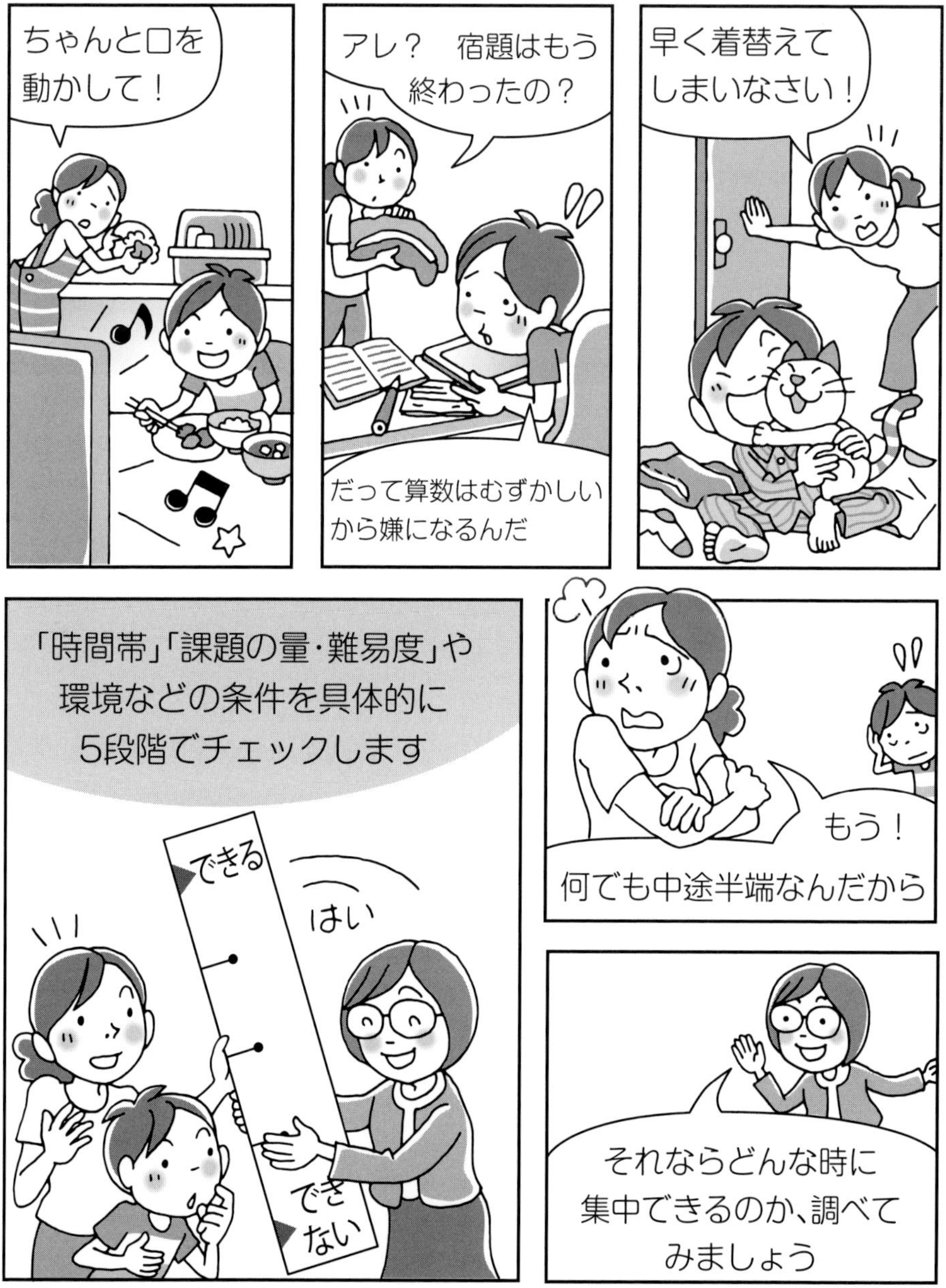
ちゃんと口を
動かして！
アレ？　宿題はもう
終わったの？
だって算数はむずかしい
から嫌になるんだ
早く着替えて
しまいなさい！
もう！
何でも中途半端なんだから
それならどんな時に
集中できるのか、調べて
みましょう
「時間帯」「課題の量・難易度」や
環境などの条件を具体的に
5段階でチェックします
できる
できない
はい

国語は
スムーズ
できる
国語
できない
やはり
算数は
ダメか…
算数
夜は集中
できるけど
できる
時間割
朝はダラ
ダラするね
できない
余裕がある
とスムーズね
できる
時間がある
焦ると
グダグダ
できない
時間がない
できる
テレビオフ
テレビは
消すべし！
テレビオン
できない
まずは5分間の集中
から始めましょう
5分あれば
これだけ
できるんだ
がんば
ろう！
集中できる条件がわかったら
紙に書いて貼り、環境を整えます
集中の条件
よし！

25 集中と制御
5分間集中するには

人によって集中できる環境はさまざまですが、それは子どもも同じです。親の仕事などによる家庭環境も影響しますし、その子自身のリズムもあります。まずは5分間、集中できるようになりましょう。そのためには【自分がもっとも集中できる条件を知る】ことがとても大切です。

子どもがどんな時に集中できるかを具体的に確認してみます。「時間帯」と「課題の量・難易度」の2つの面で、「できる」から「できない」まで5段階でチェックしましょう。

時間帯なら「朝・昼・夜」。「ごはんの前・後」「遊ぶ前・後」などこまかい条件も入れてみましょう。課題の面から考えると、「国語は好きだから集中できる」「算数は苦手だから時間がかかり、嫌になる（集中できない）」ということがわかってくるかもしれません。

「テレビがついている時」「消した時」や「時間がない時」「ある時」など、状況を思い出しながら確認していくと、子ども自身も環境を整える大切さに気づいていきます。集中できる条件が具体的にわかってきたら、紙に書き出してまとめ、目に入りやすいところに貼りましょう。そうして子ども自身が集中できる環境を整えられるようにします。

子どもによって違いもあるでしょうが、「静かでまわりに余計なものがない、すっきり整った状態」が適しているのではないでしょうか。**集中しなければいけない時間はおもちゃを片付け、テレビを消すなど、環境づくりから始めるとスムーズにいくことを教えましょう。**

環境を整えても、いきなり長時間集中するのはむずかしいので、まずは5分間の集中から始めます。タイマーやスマホのアラームをセットし、5分で何がどれだけできるか、子ども自身が感じられるようにしましょう。集中すれば5分でいろいろなことができることがわかれば、意欲も湧いてくるでしょう。

5分間集中することで成功体験を少しずつ積み上げて、集中することの大切さを実感させてあげましょう。

集中と制御

26 やることリストをつくって楽しく塗りつぶす

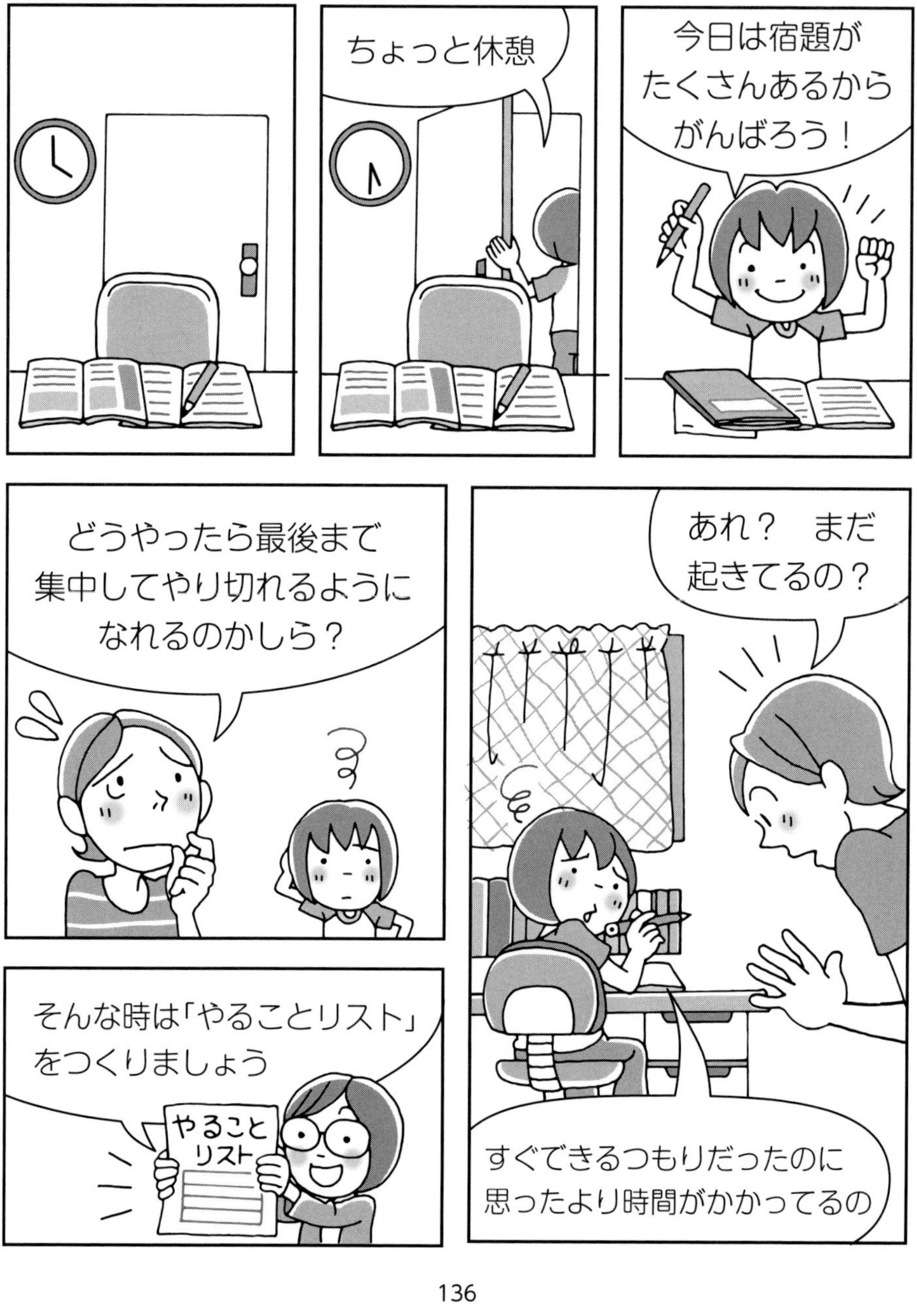
ちょっと休憩
今日は宿題がたくさんあるからがんばろう！
どうやったら最後まで集中してやり切れるようになれるのかしら？
あれ？　まだ起きてるの？
すぐできるつもりだったのに思ったより時間がかかってるの
そんな時は「やることリスト」をつくりましょう
やることリスト

やることリスト　3つのポイント
かかる時間を見積もる
どれくらいで
できるかな？
時間を区切って目標を立てる
よし！　30分
で終わらせ
るぞ！
集中するための環境を
整えましょう
気が散る
ものは預かって
おくね
キッチンタイマー
で時間を
チェックしてね
集中できる時間を知る
算数は10分ね
もうダメ…
ひとつ終わるごとにリスト
を塗りつぶすと、ゲーム
感覚で楽しく取り組めます
やること
リスト
ヤッター！
がんばるぞ
全部終わったら
ごはんの時間まで
ゲームしてもいいよ

26 集中と制御 やることリストをつくって楽しく塗りつぶす

宿題や学校の準備など日々やらなければいけないことを着実に終わらせるには、やる気を出したら【最後まで集中してやり切る】ことが大切です。途中で気がそれたり、少し休憩するつもりがそのまま長引き、だらだらとしてしまうこともあるでしょう。そうしていつまでたっても本来やるべきことに戻れないこともあります。そのようなことにならないよう、毎日【その日にやることリスト】をつくります。ひとつ終わるごとに塗りつぶし、ゲーム感覚で「やること」に取り組んでいきます。スムーズに進めていくために、3つのポイントがあります。

1. 時間を区切って目標を立てる

「5時から宿題をして30分で終わらせる」「8時までテレビを観る」など時間を区切って目標を立てます。早めに終わらせればそれだけ自由時間が増えるというルールにすると、楽しみができます。

2. かかる時間を見積もる

時間を区切る前段階として、どれくらいの時間でできるかを子どもといっしょに見積もっておきましょう。かかる時間を予想した後に実際にやってみてくらべます。かかる時間を知ることは、時間感覚を高めるための基礎となります。

3. 集中できる時間を知る

子どもが集中できる時間も予想して実験してみましょう。宿題をするにも苦手な教科は得意な教科より時間がかかることがあります。

やることに集中するために、「いつも身近にタイマーを置き、時間を把握する習慣をつける」「勉強中はゲーム機を親が預かる」「終わった後に楽しいことが待っているとイメージする」ことも有効です。

27

集中と制御

「カーッとなる」「ドキドキする」との付き合い方

カームダウンを身につけるには…
リフレッシュできるね
うん
ストレッチをする
嫌なことが出ていくイメージでね
スッキリしてきた！
深呼吸をする
どんな気分になった？
よけいに悲しくなっちゃった
どうしてプラモデルを捨てちゃったの？
うまくできなくてもう見てるのがつらくて…
子どもの言い分を聞く
どうしたらよかったかを子どもが自分で気づくことが大切ですね
今度から深呼吸をしてみるよ

27

集中と制御

「カーッとなる」「ドキドキする」との付き合い方

自分の思い通りにならない時にイライラして乱暴なふるまいをしたり、人前で発表したりする時に緊張でドキドキしたりする時のためにカームダウンの方法を身につけましょう。

1．深呼吸をする

まずは深呼吸をします。「心臓がドキドキする」「イライラしてカーッとなる」という自分の状態を子どもが自覚したら、「フー」と言いながら息を吐き、大きく深呼吸をすることを教えてください。親子でいっしょに行いましょう。４秒吸って６秒吐く深呼吸を３分ほど繰り返すと、かなりカームダウンできます。その時、「嫌なことが全部、体のなかから出ていくようなイメージ」で行うと、よりすっきりします。

2．ストレッチをする

ずっと同じ姿勢でいると、自覚がなくても体は疲れてきます。「やることリスト」（Ｐ１３６参照）のなかに簡単なストレッチを組み入れると気分転換にもなり、新鮮な気持ちでまた予定に取り組むことができます。「ストレッチしようか」と声をかけ、いっしょにやってみましょう。

3．子どもの言い分を十分に聞く

子どもがイライラして乱暴な言動をした時は頭ごなしに叱ったり、理屈で言い聞かせたりしても効果は期待できません。少し時間を置き、子どもの気持ちが落ち着くのを待ってから、なぜ乱暴なふるまいをしてしまったのか、その時の子どもの気持ちを聞きます。親はその場で善悪を決めません。子どもが自分で気づくことが大切です。自分の気持ちを十分に話したら、つぎに相手の気持ちを考えます。話しているうちに「どうすればよかったか」が見えてくるでしょう。

4．カーッとなったことで得したこと、損したことを整理する

一時的な感情を爆発させるより、深呼吸などで気持ちを落ち着かせる方が楽しくいられることに気づけるように話を進めます。

つぎに同じ状況になったらどうすればいいかも話し合います。

集中と制御

28 上手にリラックスするには

お気に入りのリラックスタイムを見つけましょう

何もしないで
ぼーっとする時間を
大切にしてくださいね

28 上手にリラックスするには

集中と制御

ここまで紹介してきたトレーニングはどれも大切で必要なことばかりです。できるだけ楽しくできる工夫を織り交ぜていますが、子どもが疲れてしまうこともあると思います。

集中の大切さをお伝えしましたが、集中するためには、一方でリラックスする時間も必要です。たとえば30分宿題をしたら10分休憩するというように、休憩時間をとることも教えましょう。

遊びにも休憩は必要です。休憩と決めた時間にゲームをしたり、テレビを観たりすると脳に刺激が入るため、本当の意味での休憩にはなりません。

何もせず、ぼーっとする時間を、親子ともに大事にしてください。休憩とは【脳を休ませる】ことなのです。

ですから、子どもが休憩している時にはあれこれ話しかけないようにします。部屋の照明を少し落とすのもいいでしょう。

また、リラックスできるものを見つけるうえで、つぎの方法もあります。ＣＤやラジオ、Ｙｏｕｔｕｂｅには波の音や鳥の鳴き声だけを流す音声データがありますし、1分間に心拍と同じ60テンポでリラックス効果が高いといわれるバロック音楽などを聴いてもよいでしょう。ラジオ体操で体をほぐすことも有効です。

子どもの様子を見ながらいろいろ試してみて、お気に入りのリラックスタイムを見つけてみてはいかがでしょうか。

集中と制御

29 やり続けたいことをストップするには

そんな時は
「やめるスイッチ」を
入れましょう
やめるスイッチ？
どう
なるの
今日はアイスにしようか？
お風呂上りのジュース
にしようか？
かっこよく
なった
お風呂に
入ろうっと！
早く寝たら早起きできた
やりたいことをやめることで
違う楽しみを見つけられ
ましたね
はーーい
だがし
氷
がまん！
マンガが買えるぞ！

29 集中と制御 やり続けたいことをストップするには

子どもはいったん夢中になると、集中力を発揮することができますが、【やり続けたい気持ちを切り替えて、やめる】ことも、それと同じくらい大切です。生活のなかには、気持ちを切り替えて別のことをしなければならない場面がたくさんあるからです。

たとえば……、

・お風呂に入る時間になったけれど、テレビを観ていたい
↓お風呂に入る時間がどんどん遅れて眠る時間が短くなる
・おやつにアイスを食べたけれど、お風呂上がりにジュースも飲みたい
↓糖分と冷たいものの取りすぎで太ったりお腹をこわしたりする
・駄菓子屋さんで毎日おやつを買いたい
↓おこづかいが足りなくなり、マンガが買えなくなってしまう

「欲しい」「食べたい」と好きなことばかりしていると、いろいろな面で支障をきたすことになります。ですからつぎのように【やめるスイッチ】を入れましょう。やめることで【やり続けるよりよいことがある】と感じるようにします。

たとえば……、

・テレビを観ることを切り上げてお風呂に入る
↓睡眠がしっかりとれ、朝すっきりと目が覚める。時間の余裕が生まれる

・アイスかジュースのどちらかを選ぶ
↓今日はどちらにしようかと選ぶ楽しみがあり、太らない

・毎日おやつを買うのをやめる
↓「買ったつもり貯金」をしてマンガが買えた

【今やりたいこと】をやめたことで違う楽しみが見つかることがわかると、【やめるスイッチ】を自分で入れられるようになります。自分でできるようになるまで、ぜひいっしょに考えてあげてください。

集中と制御

30 ゲーム依存を予防するには

今まで学んできた実行機能を使ってどうすればゲームと楽しく付き合っていけるのかを話し合ってください
だからといってゲームが悪いというわけではありませんよ
ホント!
やりたくないことをやったごほうびにゲームをする
約束をやぶったら没収
時間を決めてゲームをする
体を使うほかの遊びも大切にする
タイマーを使う
ストレスの発散にゲームをする
ふだんから親子の話し合いを積み重ねてトラブルの予防に役立ててくださいね
誓います!!
ゲームの約束
1.
2.

30 集中と制御

ゲーム依存を予防するには

子どもたちの「ゲーム依存」が大きな問題となっています。脳や体に長期的にどのような影響を及ぼすのか、くわしいことはまだわかっていないため注意が必要です。日本医師会は以下の問題点を警告しています。

・睡眠不足により体内時計が狂う

・体を動かさないと骨と筋肉が成長しない

・目の動きを育てる外遊びが減ると、動体視力が落ちる

・長時間の使用で、脳の記憶や判断力を司る部分の発達に遅れが出る

ゲームが「絶対的に悪い」というわけではありません。時間管理や切り替え、集中と制御などの実行機能を使い、日常生活で困らない範囲内で遊ぶのであれば、よいストレス発散や気分転換として楽しむことができます。逆に禁止することで友だちとの交流が減り、ストレスがたまることもあるでしょう。親がルールを決めて強制するのではなく、子どもと話し合い、「自分の健康や生活を守りながらゲームを楽しむにはどうすればよいか」を子ども自身が考え、選択できるようにしましょう。

今まで学んできた実行機能は、こうしたトラブルを防ぐために大きな力となります。ふだんからコツコツと取り組み、親子の話し合いを積み重ねておくことがとても大切なのです。

ゲームとトラブルの関係チェック

□ ゲームの時間がコントロールできてトラブルがない

今は問題はありません。ただ、急にゲームの時間が延びた状態が続く時はストレスサインかも。何らかの支援が必要な場合があります。

□ 時間のコントロールはできているがトラブルがある

今後、依存に移行する可能性があります。忘れものが増えたなど、ほかの問題があれば対策が必要です。トラブルを誰かに相談できるようにしましょう。

□ 時間のコントロールができていないけれどもトラブルは少ない

今後、依存に移行する可能性があります。ゲームの時間をコントロールできるよう支援を。家庭でのルールづくりが大切です。

□ 時間のコントロールができていなくてトラブルが多い

すでに依存している可能性があります。トラブルを一つひとつ親子で確認し、子どもの状態を冷静に指摘し、危ないという自覚を促します。

おわりに

皆様の中には、「実行機能」という言葉をこの本で初めて知ったという方もいらっしゃるでしょう。でも、「何でうちの子は、すぐにやるべきことを忘れて他のことをやってしまうのだろう」「宿題を最後までやらせるのに本当に苦労する」などのお悩みと関係がある、とても身近な機能です。

お子さんの実行機能は、まだ発達途上です。しっかりサポートして、自分はだめだと自尊感情を下げたり、やる気スイッチをオフにしないようにしていただければと思います。

最近は「多様性」という言葉が、学校教育でもキーワードになってきました。一人ひとり外見が違うように、外見よりもっと複雑な脳はそれぞれもともと多様であり、周囲の大人の関わりによってますます多様になります。

何かができないと子どもを叱りたくなり、親自身がうまく子育てができないと感じると、自分を責めたりしてしまいます。でも、だめな子どもはひとりもいません。そして、だめな親もひとりもいないのです。ただ関わり方がお子さんに合っていないことがほとんどなのです。ぜひ本書で実行機能の多様性を見極め、お子さんに合ったサポートをして、親子で幸せになっていただきたいと思います。

素敵な企画をまとめて下さった編集の加藤知里さんに心より感謝いたします。また、わかりやすいイラストにするために何度も描き直して下さったイラストレーターのよしのぶもとこさんにも、この場を借りて感謝いたします。

自分を追い込み、子ども追い込み、つらい状態になる前に、ぜひ助けを求めてください。この本を手に取って下さった方々が、少しでもハッピーになるよう、心から願っています。

高山恵子

参考文献

『やる気スイッチをＯＮ！　実行機能をアップする37のワーク』　高山恵子　著　合同出版
『自己理解力をアップ！　自分のよさを引き出す33のワーク』　高山恵子　著　合同出版
『イライラしない、怒らない　ＡＤＨＤの人のためのアンガーマネジメント』　高山恵子　監修　講談社
『ライブ講義 高山恵子Ｉ　特性とともに幸せに生きる』　高山恵子　著　岩崎学術出版社
『ありのままの自分で人生を変える　挫折を生かす心理学』　高山恵子、平田信也　著　本の種出版
『家庭で育てる　発達が気になる子の実行機能』　鴨下賢一　編著　小玉武志、佐藤匠、高橋知義、戸塚香代子、東恩納拓也、著　にしかわたく　マンガ　中央法規出版

『「ぼんやり」が脳を整理する　科学的に証明された新常識』
菅原洋平 著　大和書房

Ishihara, T., Sugasawa, S., Matsuda, Y. & Mizuno, M. The beneficial effects of game-based exercise using age-appropriate tennis lessons on the executive functions of 6-12-year-old children. Neurosci. Lett. 642, 97-101〔2017〕.

〈著者紹介〉
高山恵子（たかやま・けいこ）

ＮＰＯ法人えじそんくらぶ代表、ハーティック研究所所長。昭和大学薬学部兼任講師、特別支援教育士スーパーヴァイザー。昭和大学薬学部卒業後、約10年間学習塾を経営。1997年、アメリカ・トリニティ大学大学院教育学修士課程修了（幼児・児童教育、特殊教育専攻）。1998年、同大学院ガイダンスカウンセリング修士課程修了。専門はＡＤＨＤ等高機能発達障害のある人のカウンセリングと教育を中心にストレスマネジメント講座などにも力を入れている。主な著書・監修書に『ライブ講義 高山恵子Ｉ 特性とともに幸せに生きる』（岩崎学術出版社）、『イライラしない、怒らない ＡＤＨＤの人のためのアンガーマネジメント』（講談社）、『やる気スイッチをON！ 実行機能をアップする37のワーク』『自己理解力をアップ！ 自分のよさを引き出す33のワーク』（以上、合同出版）など多数。

〈イラスト・マンガ〉
よしのぶもとこ

京都生まれ。京都精華大学デザイン学部マンガ学科卒。小学校算数（啓林館）・国語（文教出版）・道徳（京都府）や中学の教科書（文英堂）など教育関係のイラストを多く手がける。

【絵で見てわかる】
発達が気になる子のための「ひとりでできる力」が
身につく実行機能トレーニング

2021年8月19日　第1版第1刷発行

著　者　高山恵子
絵　よしのぶもとこ
発行者　櫛原吉男
発行所　株式会社PHP研究所
京都本部　〒601-8411　京都市南区西九条北ノ内町11
〔内容のお問い合わせは〕教 育 出 版 部 ☎075-681-8732
〔購入のお問い合わせは〕普及グループ ☎075-681-8554
印刷所　株式会社光邦
製本所　東京美術紙工協業組合

ISBN978-4-569-85016-0